무료 컴퓨터음악 프로그램 밴드랩(Bandlab)

# 밴드랩을 이용한 누구나 작곡하기

알파미디어

## 시작하며

우리나라 사람들은 음악을 좋아한다. 많은 사람이 공부 하는 시간이든, 일하는 시간이든, 일상생활에서 음악을 즐겨 듣는다. 그리고 노래방을 가는 것도 좋아한다. 하지만 스스로 작곡해 본 적 있는 사람들은 별로 없다. 작곡이란 과정을 너무 어렵게 생각하기 때문이다.

우리가 작곡가를 상상하면 여러 악기를 능숙하게 다루며 어느 날 갑자기 영감을 받아서 좋은 곡을 순식간에 창작하는 사람으로 연상하기도 한다. 물론 과거에는 연주를 못 하면 작곡을 하기 어려웠다. 하지만 요즘 작곡가들은 컴퓨터 앞에 앉아있다. 과거처럼 손에는 연필을 들고 피아노나 기타 같은 악기를 이용하여 몇 소절 연주한 후 음악 노트에 옮겨 적는 방식을 선호하지 않기 때문이다.

컴퓨터음악의 발달은 커다란 변화를 만들었다. 악기도 연주 못하고 음악을 잘 모르더라도 음악을 만들 수 있게 하였다. 컴퓨터 앞에 앉아서 컴퓨터 음악 소프트웨어를 구동하면 모든 악기 소리를 재현할 수도 있고 미디 키보드를 이용하거나 마우스를 이용하면 입력과 수정도 손쉽게 가능하기 때문이다. 더군다나 미디 키보드조차 없어도 된다. 마우스를 이용해도 손쉽게 입력할 수 있다. 거기다가 수많은 연주 패턴을 그냥 가져와서 사용할 수도 있고 이미 훌륭하게 녹음된 사운드를 마우스 드래그만으로 자신의 음악 내에서 사용할 수도 있다. 음악이론을 몰라도, 악보를 읽지 못해도, 연주할 수 있는 악기가 없어도 누구나 음악을 만들 수 있는 시대가 되었다는 뜻이다. 하지만 컴퓨터음악을 위한 장비 구입비용과 적지 않은 금액의 소프트웨어 구입비용 때문에 망설이는 사람들도 많았다. 정품 소프트웨어 구입비용도 부담스럽기 때문이다.

이제는 망설이지 말자. 무료로 컴퓨터음악 소프트웨어를 사용할 수 있다. 더군다나 간편하게 스마트폰으로도 작곡을 할 수 있다. 음악을 위한 모바일 앱도 함께 개발되었는데 온라인 방식이기 때문에 언제 어디서나 작곡이 가능하며 모바일과 컴퓨터의 연동도 가능하다. 약간의 사용 방법을 터득하면 음악을 창작하는 것은 더 이상 어려운 일이 아니다. 물론 완성도 높은 음악을 만들기 위해서는 약간의 음악이론은 필요하다. 하지만 이론이라는 말에 겁먹지 말자. 게임을 하듯이 쉽게 시작하여 따라 하다 보면 금방 할 수 있다. 장비 걱정도 하지 말자. 컴퓨터 앞에 앉아서 마우스로 시작하면 된다.

이 책은 음악을 만드는 일이 결코 미지의 세계가 아니고 누구나 가능한 일이라는 것을 알리고 싶어서 집필하였다. 늘 즐겨 듣는 음악이 어떻게 만들어졌는지에 대한 이해를 위해 음악의 구조와 작·편곡 방식을 살펴보고 무료 컴퓨터음악 프로그램을 이용하여 스스로 음악을 만드는 즐거운 경험까지 함께 누리기를 바란다.

2023년 2월
이정원

# Contents

시작하며 ·················································································· 02

## 01 작곡과 편곡 ·········································································· 11
    작곡과 편곡이란 무엇인가? ··················································· 11

## 02 컴퓨터음악 프로그램의 종류 ················································· 13
    1. 녹음을 위한 레코딩 프로그램 ············································· 14
    2. 악보를 만들기 위한 사보 프로그램 ····································· 14
    3. 작곡(음악창작)을 위한 시퀀싱 프로그램 ····························· 15

## 03 밴드랩(Bandlab)이란? ························································· 16
    1. 밴드랩 접속방법 ································································· 17
    3. 밴드랩 작업 창 열기 ·························································· 19

## 04 음악 만들기 ·········································································· 20
    1. 음악의 3요소 ····································································· 20
    2. 리듬 만들기 ······································································· 21
        1) 드럼 머신(Drum Machine) ·········································· 21
        2) 드럼 머신의 각 부분 기능들 ········································· 23
    3. 트랙 만들기 ······································································· 32
        1) 악기트랙 생성 방법 ······················································ 32
        2) 트랙에 리전(Region) 생성하기 ····································· 33
        3) 트랙의 기능 ·································································· 34
        4) 악기 선택 ····································································· 37

## 05 멜로디 ················································································· 42
　1. 멜로디 윤곽과 진행방법 ························································· 42
　2. 순차진행과 도약진행 ····························································· 43
　3. 좋지 않은 멜로디의 경우 ······················································ 45

## 06 멜로디 입력 방법 ································································· 47
　1. 밴드랩 키보드 기능 ······························································· 48
　2. 메트로놈 설정(Metronome Settings) ··································· 51
　3. 멜로디 리듬 만들기 ······························································· 52

## 07 미디 에디터(MIDI Editor) ····················································· 54
　1. 미디 에디터(MIDI Editor) 사용하기 ····································· 54
　　1) 애드 노트(Add Note) ······················································· 55
　　2) 미디 에디터 건반 ····························································· 57
　　3) 셀렉트 노트(Select Note) ················································· 59
　　4) 에디트 노트 벨로서티(Edit Note Velocity) ······················ 60
　　5) 레가토(Legato) ·································································· 61
　　6) 휴머나이즈(Humanize) ····················································· 62
　　7) 음정 이동(Transpose) ······················································· 62
　2. 퀀타이즈(Quantize) ······························································· 63
　3. 셋잇단음표 설정하기 ····························································· 65
　4. 스냅 투 그리드(Snap to Grid)와 트랙 확대 · 축소 ············· 66

## 08 모티브(Motive) ······································································ 67
　1. 모티브의 특징을 살려주는 중요요소 ···································· 67
　2. 모티브 내의 도약진행과 순차진행 ······································· 68
　3. 리듬의 확장과 축소 ······························································· 69

## 09 코드(Chord) ········································· 71
1. 코드의 개념 ········································· 71
2. 다이아토닉 코드(Diatonic Chord) ········ 72
3. 코드 구성음을 활용하여 멜로디를 꾸며주는 방식········· 73
   1) 경과음(Passing tone) ···················· 73
   2) 보조음(Auxiliary tone) ·················· 74
   3) 계류음(Suspension) ······················ 76
   4) 선행음(Anticipation) ···················· 77
   5) 전타음(Appoggiatura) ··················· 77
   6) 이탈음(Escape tone) ···················· 78
4. 멜로디에 코드 붙이기···························· 79

## 10 다이아토닉 코드의 구조 ························ 81
1. 다이아토닉 코드의 기능························· 82
2. 코드의 진행원리 ·································· 83
3. 대리 코드 ············································ 84
   1) I도 대리 코드 사용방법 ················ 85
   2) IV도 대리 코드 사용방법 ·············· 88
4. IIm-V용법 ·········································· 89

## 11 모티브 활용법 ······································ 91
1. 2마디 반복 형태 ·································· 92
2. 4마디 반복형태 ··································· 94
3. 혼합 형태 ············································ 95
4. 음악 형식 ············································ 96
5. 가요형식(Song Form) ·························· 99

## 12 반주를 위한 코드 쉽게 입력하는 방법 ········· 105
1. 4비트 ················································· 105
2. 8비트 ················································· 111
3. 베이스 음역 추가하기··························· 112

## 13 아르페지오(Arpeggio) ········································ 113
1. 아르페지오 패턴 ·························································· 113
2. 왼손 아르페지오 ·························································· 119
3. 오른손 아르페지오 ······················································· 121

## 14 베이스(Bass) ············································································· 123
1. 베이스와 드럼 ····························································· 124
   1) 가상 악기(Virtual Instruments) 트랙을 이용한 드럼 입력 ············ 125
   2) 베이스(Bass) 입력 ················································· 127
2. 5음과 옥타브음을 이용한 베이스 라인 꾸미기 ·············· 129

## 15 스트링(Strings) ········································································ 130
1. 스트링을 이용한 음악 만들기 ······································ 130
2. 애국가 멜로디 입력하기 ·············································· 131
3. 애국가 멜로디에 화음 만드는 첫 번째 방식 ··················· 132
4. 애국가 멜로디에 화음 만드는 두 번째 방식 ··················· 135

## 16 오디오(Audio) ·········································································· 137
1. 밴드랩 사운드(BandLab Sounds) ······························· 137
2. 밴드랩 사운드 기능 설명 ············································· 138
3. 밴드랩 사운드 샘플의 특징과 검색 방법 ························ 139
4. 밴드랩 사운드 사용방법 ·············································· 142
5. 밴드랩 사운드를 사용하기 위한 오디오 기능 ················· 144
   1) 타임 스트레치(Time Stretch) ································ 144
   2) Voice/Audio 트랙의 Input 설정 ···························· 146
   3) AutoPitch ··························································· 147
   4) FX Effects ·························································· 148
   5) Editor ·································································· 151
   6) Fade In과 Fade Out ············································ 152

## 17 샘플러(Sampler) ······················································ 153
1. 샘플러의 기능 ································································· 154
2. Pad의 기능 ···································································· 156
3. Play Mode의 기능 ··························································· 156

## 18 기타(Guitar)와 베이스(Bass) ······································ 157
기타(Guitar)와 베이스(Bass) 트랙의 개념과 사용 방법 ················ 157

## 19 오토메이션(Automation) ············································ 158
1. 볼륨 오토메이션(Volume Automation) ································· 158
2. 팬 오토메이션(Pan Automation) ········································· 159

## 20 믹싱(Mixing) ···························································· 160
1. 믹싱 과정 ······································································· 161
2. 믹싱 테크닉 ···································································· 161

## 21 저장(Save)과 내보내기(Publish) ·································· 163
1. 저장(Save) ····································································· 163
2. 내보내기(Publish) ···························································· 164

## 22 음악 파일로 저장하기 ················································ 166
1. 내보내기를 이용한 음악파일 저장하기 ···································· 166
2. 작업창에서 음악파일로 저장하기 ········································· 168

## 23 마이크의 종류와 오디오 인터페이스(Audio Interface) … **170**

   1. 다이내믹 마이크(Dynamic microphone) …………… **170**
   2. 콘덴서 마이크(Condenser microphone) …………… **171**
   3. 오디오 인터페이스(Audio Interface) ………………… **172**

## 24 모바일용 밴드랩 ……………………………………… **173**

   1. 밴드랩 어플리케이션의 구조……………………………… **173**
   2. 루퍼(Looper) 사용방법 ………………………………… **175**
   3. 루퍼의 기능 ………………………………………………… **177**
   4. 루퍼를 이용한 사운드 제작 방법 ……………………… **179**

## 25 스케일과 음정 ………………………………………… **181**

   1. 스케일(Scale) ……………………………………………… **182**
      1) 샵(#) 조표에서 나오는 스케일 ……………………… **182**
      2) 플랫(b) 조표에서 나오는 스케일 …………………… **183**
   2. 음정 ………………………………………………………… **184**
   3. 코드 구성음 간의 음정 차이 …………………………… **187**
   4. 다이아토닉 7th 코드 …………………………………… **188**

**마치며** ……………………………………………………… **190**

# 01 작곡과 편곡

### 🎵 작곡과 편곡이란 무엇인가?

많은 사람들이 음악을 좋아한다. 음악 감상이나 노래를 부르는 것은 좋아하지만 나 스스로 작곡을 하여 나만의 음악을 만들어보고 싶다는 생각은 잘 하지 않는다. 쉽게 다가갈 수 없는 영역이라고 생각하기 때문이다. 그러나 누구나 작곡과 편곡을 할 수 있다. 우선 작곡과 편곡의 의미부터 알아보자.

대부분의 사람들은 작곡과 편곡이라는 단어는 알지만, 정확한 의미는 알지 못하며, 단순하게 작곡이란 음악을 만드는 것이라고만 생각한다. 그럼, 편곡이란 무엇일까? 작곡은 누구나 생각하듯이 음악을 만드는 일이지만 편곡은 다르게 해석되기도 한다. 일반적으로 클래식 음악을 하는 사람이라면 멜로디든 멜로디 이외의 파트(주 멜로디에 맞는 악기를 배치하여 연주 부분을 만드는 것)이든 상관없이 어떠한 새로운 곡을 만드는 것을 작곡이라고 생각하고 원곡을 다르게 재창작하는 것은 편곡이라고 생각할 것이다. 하지만 대중음악가들은 멜로디를 만드는 것을 작곡이라고 하고 그 멜로디에 화음을 만들고 장르를 정하여 리듬과 여러 악기를 배치하여 만들면서 멜로디 이외의 부분을 만드는 것을 편곡이라고 한다. 예로 앨범에 보면 멜로디 창작자가 작곡가이고 멜로디 이외의 부분을 창작한 사람을 편곡자라고 표기된 것을 볼 수 있다. 그렇다면 작곡이나 편곡을 하기 위해서는 무엇을 할 줄 알아야 하며 음악을 완성하기 위해서는 어떤 과정이 있는 것일까? 음악을 만들기 위해서는 당연히 멜로디와 코드를 완성하고 그 곡을 원하는 장르로 편곡한 다음 연주 또는 녹음하는 과정이 필요하다. 당연히 멜로디를 만드는 능력과 코드를 만드는 능력이 필요하며 무슨 악기를 어떻게 사용해야 하는지도 알아야 한다. 그래서 이 책에서는 멜로디와 코드의 간단한 이해를 돕고 그와 함께 음악을 직접 만드는 과정을 경험하고 더불어 컴퓨터음악 프로그램 사용법도 익히게 될 것이다. 아무것도 모른다고 너무 걱정하지 마라. 악보를 쓰거나 읽을 줄 모른다고 너무 걱정하지 마라. 이 책을 읽으면서 천천히 따라오면 된다.

멜로디와 코드를 완성

원하는 장르로 편곡

연주 or 녹음(믹싱 & 마스터링)

## 02 컴퓨터음악 프로그램의 종류

우리가 흔히 컴퓨터음악이라고 하면 미디(MIDI)라고 표현한다. 일부분은 맞는 표현이며 일부분은 틀린 표현이다. 과거에는 컴퓨터의 기술력이 좋지 않기 때문에 미디 전문 기기들만을 이용하여 작업을 했었기 때문에 컴퓨터음악 하면 미디라는 용어로 표현했기 때문이다. 미디라는 것은 신호일 뿐이다. 단지 음정, 길이, 악기 소리와 같은 신호를 주었을 뿐이었기 때문에 음정을 옮기거나, 음의 길이를 바꾸거나, 다른 악기 소리로 대체하거니와 같은 부분들을 손쉽게 수정할 수 있다. 하지만 소리의 퀄리티가 실제 소리를 녹음한 소리와는 차이가 나며 내가 일일이 연주 패턴을 입력해야 한다. 그러나 컴퓨터의 성능과 데이터 저장 방식의 발전으로 오디오를 활용할 수 있는 영역이 확대되었다. 그래서 지금의 컴퓨터 음악이라는 것은 미디 작업만이 있는 것이 아니고 오디오 작업도 포함되어 있다. 컴퓨터음악 프로그램은 여러 가지가 있지만 주 사용 목적에 따라서 크게 3종류로 나눌 수 있다.

## 1. 녹음을 위한 레코딩 프로그램

녹음을 위한 대표적 프로그램은 거의라고 봐도 무방할 정도로 많은 녹음실과 녹음 전문가들이 사용하는 프로그램이 프로툴즈이다. 프로툴즈의 성능을 안정적으로 사용하기 위하여 전용 하드웨어와 소프트웨어로 인한 가격이 높기 때문에 일반인들의 사용 빈도는 떨어지는 편이지만 우수한 사운드의 퀄리티로 인하여 많은 전문가들이 사용하고 있다. 물론 일반인들이 사용하는 녹음 전용 프로그램도 있다. 사운드 포지는 사용 방법도 크게 어렵지 않으며 성능이 아주 뛰어나지 않은 컴퓨터라도 간단한 녹음과 편집을 하는 데 있어서 문제가 되지 않아 많은 사람들이 사용하기도 한다.

## 2. 악보를 만들기 위한 사보 프로그램

악보를 만들기 위한 사보 프로그램은 대표적으로 피날레와 시벨리우스가 있다. 작곡과 연주도 가능하지만, 사운드적인 부분에서는 아무래도 전문성이 떨어지기 때문에 악보를 만들기 위한 사운드 확인 정도라고 생각하는 편이 좋다. 피날레와 시벨리우스는 악보 출판을 위한 출판물에 많이 사용된다. 하지만 소프트웨어 구입비용이 발생하며 간단한 악보만 만들려고 해도 숙련도가 없으면 조금 어려울 수도 있다. 그래도 비교적 시벨리우스가 조금 더 사용하기 편한 부분이 있으며 기능 제한은 있지만 무료로 사용할 수 있는 시벨리우스 퍼스트 버전이 있기도 하다. 초보자들이 많이 사용하는 무료 프로그램에는 뮤즈스코어(MuseScore)와 NWC(NoteWorthyComposer)가 있다. 하지만 기능적으로나 악보 디자인적으로나 피날레와 시벨리우스가 더 장점이 많은 것은 사실이다. 그 외에는 아이패드에서도 연동이 가능한 노션(Notion)과 앙코르(Encore)가 있다. 노션은 사용자가 많지 않아서 정보가 부족하다는 단점이 있고 앙코르는 사보 프로그램으로는 역사가 오래되기도 했고 사용하기 쉬운 인터페이스를 가졌다는 장점은 있지만 다른 프로그램에 비해서 비교적 가격이 비싸다는 단점이 있다.

## 3. 작곡(음악창작)을 위한 시퀀싱 프로그램

마지막으로 많은 사람이 미디 또는 컴퓨터 음악 프로그램이라고 생각하면 떠오르는 프로그램이 있다. 일반적으로 시퀀싱 프로그램이라고 말하며 녹음과 작곡을 같은 프로그램 내에서 이용하는 방식이다. 미디를 이용하여 반주를 위한 악기 파트들을 만들고 보컬 파트를 위한 녹음을 하여 하나의 완성 음악으로 만드는 것을 생각하면 쉽게 이해할 수 있다. 물론 악보를 제작하는 것도 가능하기는 하지만 사보 프로그램보다는 그 성능이 뒤떨어진다. 트럭에도 사람을 태울 수 있고 버스나 택시로 짐을 옮길 수도 있지만 원래의 기능에 비해서는 목적성이 떨어지는 것처럼 음악 제작 후 간단한 악보 만들기 정도라고 생각하는 편이 좋다. 하지만 녹음 성능은 녹음 전문 프로그램에 비해 뒤떨어지지 않는다. 예전에는 악기 파트를 시퀀싱 프로그램에서 만들고 보컬 파트는 프로툴즈와 같은 녹음 프로그램으로 녹음한 후에 합치는 방식을 많이 사용하였다. 지금도 이러한 방식을 많이 이용하기는 하지만 요즘은 녹음실에서도 프로툴즈 대신에 시퀀싱 프로그램을 이용하여 녹음하는 경우도 심심찮게 찾아볼 수 있다. 대표적 프로그램으로는 큐베이스와 로직이 있다. 많은 사람이 윈도우(Windows) 운영체제에서는 큐베이스를 사용하고 맥(Mac) 컴퓨터에서는 로직을 사용한다. 큐베이스는 PC와 맥 둘 다 사용이 가능하지만 로직은 오직 맥 운영체제에서만 사용이 가능하다. 그 외에는 에프엘 스튜디오(FL Studio)와 에이블톤(Ableton Live)이 있다. 에이블톤은 큐베이스와 로직에 비해서 뚜렷한 차이점을 가진다. 사운드를 변형하거나 효과를 주는데 있어서 편리한 점 때문에 힙합이나 EDM 음악을 하는 유저들이 특히 많이 사용한다. 하지만 에프엘 스튜디오는 사용법이 그리 어렵지는 않으나 큐베이스나 로직에 비해서 후발주자이기 때문에 정보가 많이 부족하며 사용자 수가 떨어지는 것이 단점이다. 이러한 프로그램들을 DAW라고도 한다. DAW는 Digital Audio Workstation의 약자이다. 디지털 오디오 신호를 녹음이나 편집, 재생하는 오디오 전용 소프트웨어를 뜻한다.

# 03 밴드랩(Bandlab)이란?

밴드랩은 기존 DAW와 차별화 되어 있다. 다른 DAW들은 기본 프로그램 구입비용이 들어가고 PC에 직접 설치하여서 사용해야 한다. 당연히 구입비용도 적지 않은 금액이고 소프트웨어를 설치하기 위해서는 컴퓨터의 성능도 어느 정도는 받쳐줘야 한다. 그리고 오디오 샘플이나 가상악기를 설치하기 때문에 적지 않은 저장공간을 차지한다. 그러나 밴드랩은 프로그램을 설치하지 않고 웹 사이트를 통한 온라인 방식이기 때문에 구입비용도 들지 않고 컴퓨터의 저장용량도 차지하지 않는다. 더군다나 모바일 버전도 있기에 스마트폰이나 태블릿PC를 이용해서 사용할 수도 있다. 물론 기능적으로는 컴퓨터에 설치하여 사용하는 기존 DAW보다는 기능이 많지는 않다. 하지만 필요한 기능은 거의 다 갖추었기 때문에 큰 불편함은 없다. 전문적으로 하는 음악 전문가가 아니라면 충분하게 사용할 수 있다.

## 1. 밴드랩 접속방법

일단 웹페이지에서 밴드랩 사이트로 접속하자. 주소창에 https://www.bandlab.com/ 을 입력한 후 밴드랩을 살펴보자.

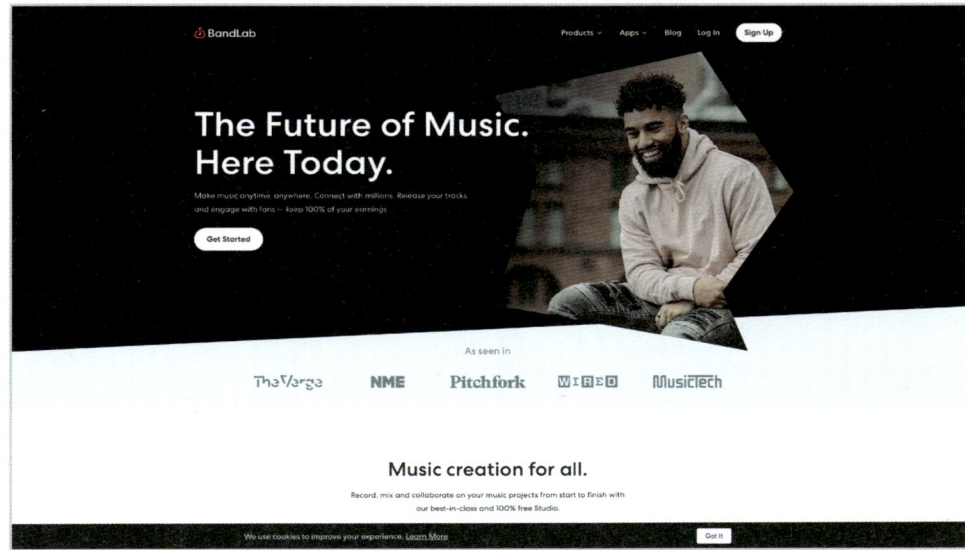

〈밴드랩 사이트〉

밴드랩에 가입하여 아이디(ID)를 만들기 위하여 상단 오른쪽 Sign Up을 클릭한다. Name에 본인이 사용할 이름을 넣고 Email에 밴드랩을 사용할 이메일 주소, Password에 비밀번호를 넣어서 아이디를 만든 후 Sign Up을 클릭한다.

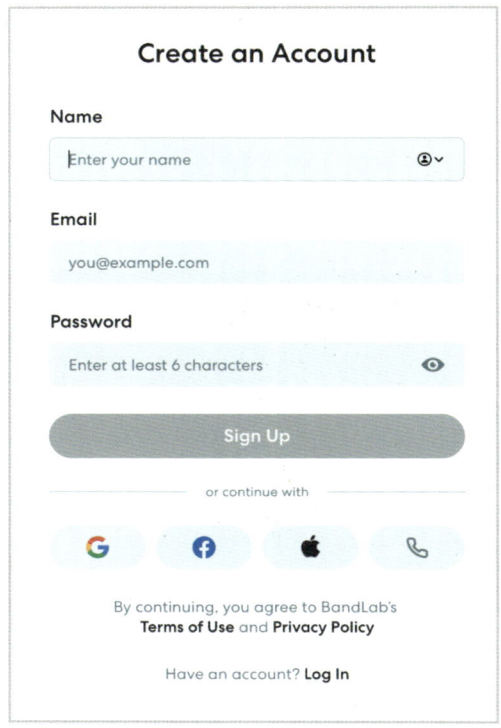

〈밴드랩 가입항목〉

* 아이디를 만들었다면 다음부터는 Sign Up 옆에 있는 Log In을 클릭하여 이메일 주소와 비밀번호를 넣으면 된다.

〈밴드랩 로그인 및 가입 메뉴 부분〉

## 3. 밴드랩 작업 창 열기

가입한 후 로그인 상태로 넘어가게 되면 다음과 같은 화면을 볼 수 있다.

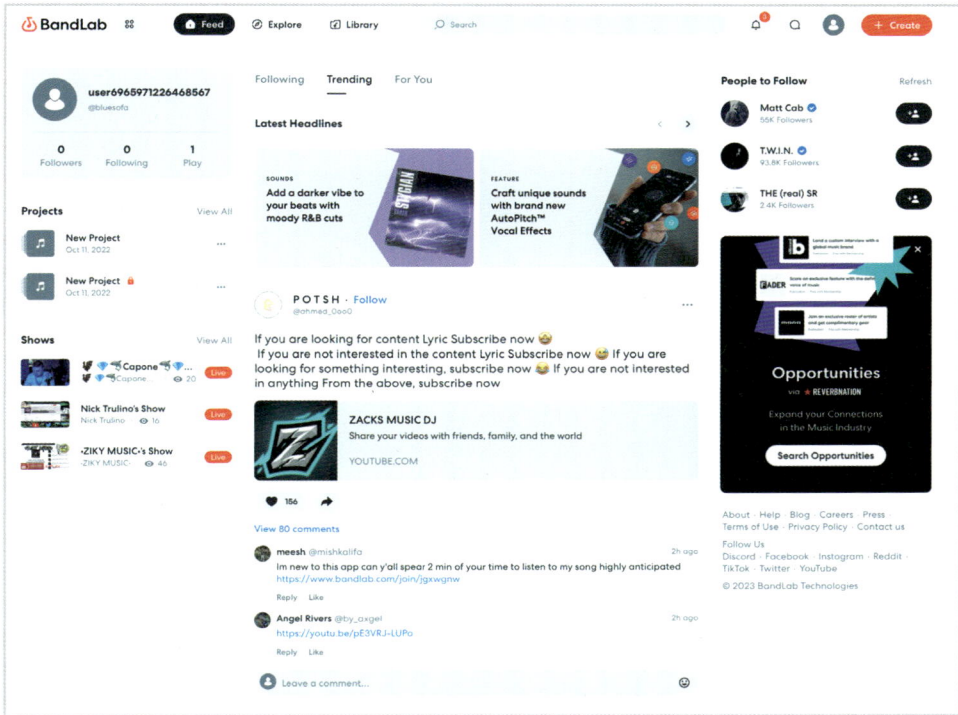

〈로그인 후 밴드랩 화면〉

상단 오른쪽에 빨간색의 +Create를 클릭한 후 New Project 클릭

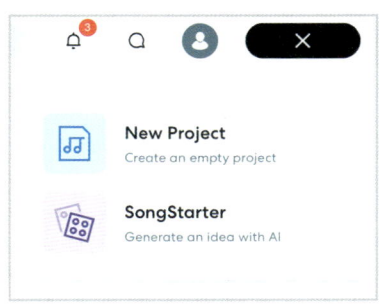

〈New Project〉

# 04 음악 만들기

밴드랩에 가입하여 ID를 만들고 밴드랩을 사용할 준비가 되었다면 우선 음악이란 무엇인가에 대하여 알아보자.

## 1. 음악의 3요소

우리가 흔히 말하는 음악을 만들기 위한 기본적인 3요소는 멜로디(Melody), 리듬(Rhythm), 하모니(Harmony)이다. 물론 음악의 3요소를 갖추지 못하였다고 하여도 우리는 리듬만 있어도 충분히 즐길 수가 있다. 길거리에서 흘러나오는 비트에 리듬을 탈 수 있으며 모임 자리에서 누군가 노래를 부른다면 멜로디만 있어도 우리는 충분히 음악을 즐길 수 있다. 거기에 만약 누군가가 화음을 넣어 준다면 더욱 즐겁게 음악을 감상할 수 있을 것이다. 이처럼 음악의 3요소가 꼭 다 갖춰져야 하는 것만은 아니다. 하지만 비트가 주가 되어 랩으로만 구성된 힙합 음악 같은 장르를 제외하고 대부분의 음악은 멜로디, 리듬, 하모니의 요소들을 다 갖추고 있다.

이 책을 통하여 음악의 3요소인 멜로디, 리듬, 하모니를 만드는 기본적인 방법을 이해하고 밴드랩을 이용하여 직접 창작해보자. 처음부터 천천히 한 줄씩 읽어가면서 따라 해 보면 당신도 창작의 기쁨을 누릴 수 있을 것이다. 어렵지 않다. 단지 해보지 않았을 뿐이다.

## 2. 리듬 만들기

### 1) 드럼 머신(Drum Machine)

리듬을 입력하기 위하여 드럼 머신(Drum Machine) 클릭

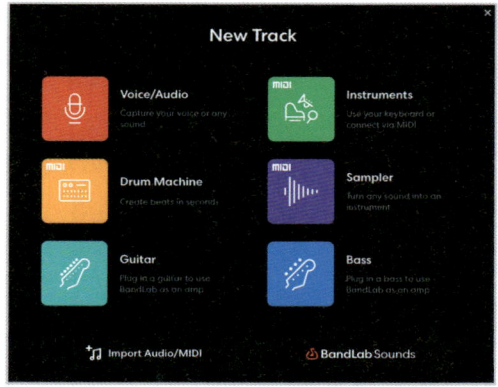

〈New Track〉

New Track 화면에서 드럼 머신을 선택하면 드럼 비트를 만드는 부분을 화면 하단에서 볼 수 있다.

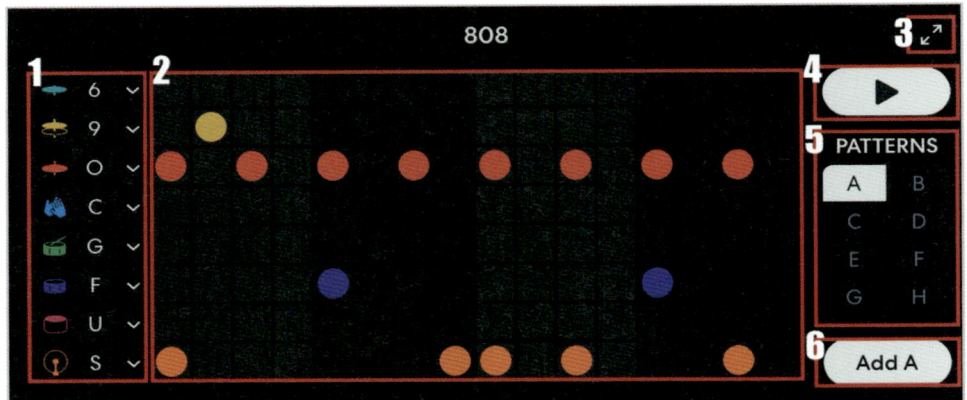

〈드럼머신〉

### 드럼머신 기능 설명

① 드럼 악기 선택
② 비트 입력
③ 드럼머신 위치 이동
④ 재생, 멈춤
⑤ 패턴 선택
⑥ 패턴 추가

드럼머신을 이용하여 비트를 만드는 방법은 무척 간단하다. 4번 부분의 재생 버튼을 클릭한 후 2번 부분의 원하는 네모칸 안에 클릭을 하면 점이 생기고 그 위치에서 연주 되어서 드럼 머신의 소리를 들으면서 리듬을 만들 수 있다. 생성한 점을 취소하는 것은 점 위에 다시 클릭하면 삭제된다.

## 2) 드럼 머신의 각 부분 기능들

### (1) 드럼의 악기를 선택하는 부분

왼쪽의 악기 그림 종류에 따라서 각기 다른 소리를 낼 수 있으며 그림 옆에 있는 숫자나 알파벳은 키보드 단축키를 의미한다. 해당되는 키보드의 숫자나 알파벳을 누르면 마우스를 클릭하지 않고 연주나 입력이 가능하다. ∨를 클릭하면 해당 부분에 악기를 다른 악기로 바꿀 수 있다.

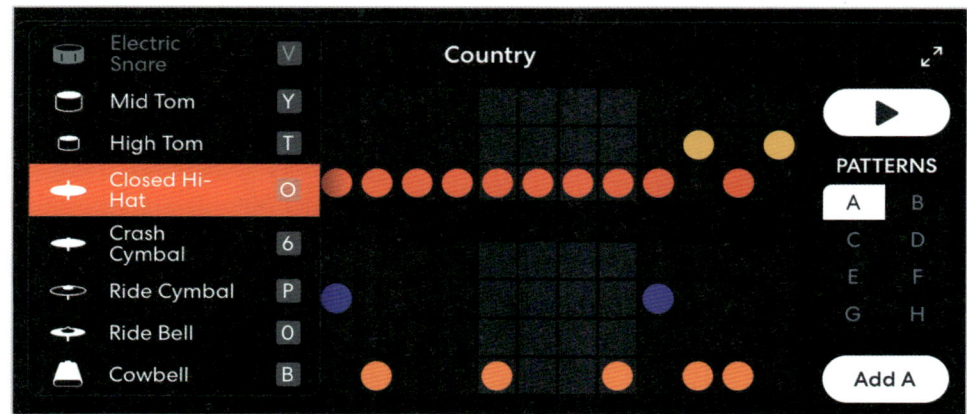

〈드럼머신 드럼 악기 선택〉

### (2) 드럼의 리듬을 만들어서 패턴을 입력하는 부분

드럼에 속해 있는 기본 악기 또는 드럼과 함께 리듬을 표현할 때 자주 사용되는 타악기들을 선택할 수 있다. 사실 우리가 간편하게 드럼이라고 부르지만 드럼은 여러 악기들로 구성된 악기이다. 그래서 정확한 명칭은 Drum Set이나 Drums라고 한다. 탐탐이나 심벌의 개수를 더 늘려서 다양하게 사용하기도 하지만 기본적으로 사용하는 것은 5기통의 드럼 사용이다.

〈드럼 구조와 명칭〉

우리가 음악을 듣고 발라드, 록, 디스코, 보사노바, 펑크, 트로트 등의 장르를 구분 지을 수 있는 요인은 각 음악이 가진 리듬에서 나타난다. 물론 각 장르에서 자주 사용되는 악기나 창법 등도 장르를 구분 짓는 하나의 요인이 될 수는 있지만 가장 중요한 것은 리듬이다. 똑같은 멜로디와 코드를 가진 음악을 록 리듬으로 연주하면 록 음악이 되고 보사노바 리듬으로 연주하면 보사노바 음악이 된다. 즉, 다른 장르로의 편곡 기본은 바로 리듬에서 출발하며 그 리듬은 베이스 드럼에서 시작된다. 드럼 악기 각각의 특징과 기능을 살펴보자.

| | |
|---|---|
| 베이스 드럼 | – 페달을 밟아서 소리를 냄.<br>– 킥 드럼(Kick Drum) 또는 킥 베이스(Kick Bass)라고도 함.<br>– 매우 낮은 소리와 여러 리듬의 중심이 됨 |
| 스네어 드럼 | – 베이스 드럼과 함께 리듬감을 만들 때 중요함<br>– 스네어 드럼의 깊이가 깊을수록 헤비한 음색의 느낌이 남 |
| 탐탐 | – 베이스 드럼 위쪽으로 나란히 2개가 달려 있으며 하이 탐(High Tom)과 미들 탐(Middle Tom)이라고 함.<br>– 플로어 탐은 바닥에 놓여있으며 로우 탐(Low Tom)이라고도 함<br>– 사이즈가 작을수록 높은 음정이 남<br>– 스네어 드럼과 함께 같이 치는 경우도 많음 |
| 하이햇 | – 전체적인 비트감을 조율함<br>– 일반적으로 페달을 밟은 클로즈 햇 상태에서 연주함<br>– 페달을 밟는 정도에 따라 하이햇의 오픈 정도가 틀려지기에 소리의 차이가 생김<br>– 페달을 밟고 칠 경우 : 클로즈 햇(Close Hat)<br>– 페달을 밟지 않고 칠 경우 : 오픈 햇(Open Hat) |

① **리듬 비교**

음악을 전공하지 않는 사람도 음악을 들으면 장르를 알 수 있는 이유는 여러 음악들을 들으면서 본인도 모르게 각 장르의 특징적인 리듬을 학습했기 때문이다. 그리고 드럼의 여러 악기 중에서도 스네어 드럼이나 하이햇의 변화 없이 베이스 드럼의 리듬을 변화 시키는 것만으로도 장르의 변화를 알 수 있게 된다. 밴드랩을 이용하여 직접 A와 B의 리듬을 비교해보자.

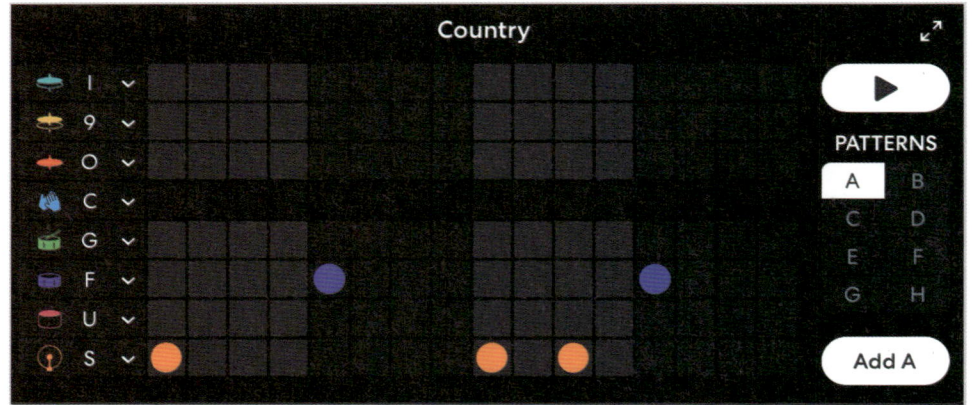

〈A 리듬〉

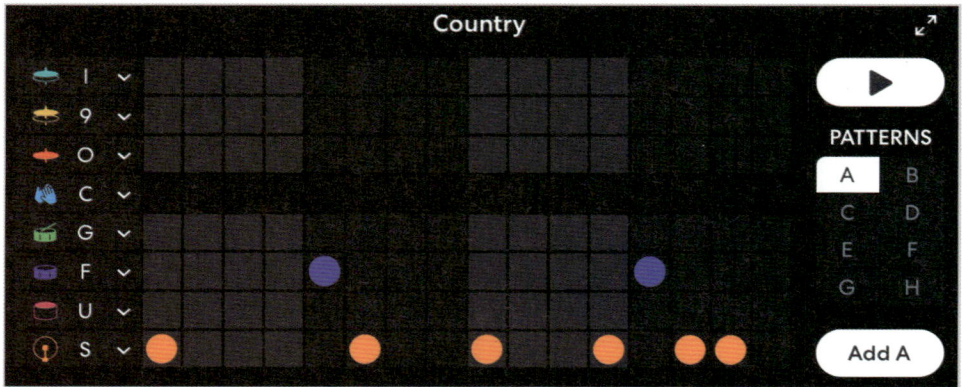

〈B 리듬〉

맨 밑에 주황색 점이 베이스 드럼이고 밑에서 3번째에 있는 보라색 점이 스네어 드럼의 위치이다. 그리고 베이스 드럼의 리듬은 스네어 드럼의 도움으로 그 리듬감이 더욱 돋보이게 된다. 그래서 많은 음악에서 기본적으로 사용하는 방법은 스네어 드럼을 2번째 박과 4번째 박에 사용한다. A의 리듬과 B의 리듬에서 스네어 드럼만을 삭제하여 비교해 보면 확실히 스네어 드럼이 있을 때 킥의 리듬감이 더 살아나는 것을 느낄 수 있을 것이다.

② 비트 만들기

우리가 8비트, 16비트라고 말하는 부분은 하이햇에 의해 쉽게 표현할 수 있다. 1마디에 비트가 몇 개 있는가에 따라서 8비트, 16비트 등으로 바뀌는 것인데 하이햇이 저 화면에서 8개가 들어가 있으면 8비트 음악이 되고 16개가 들어가 있으면 16비트 음악이 되는 것이다. 즉 저 화면은 4/4박자 1마디를 보여주는 것이라고 이해하면 되고 작은 네모 칸 4개가 1박이 되는 것이다.

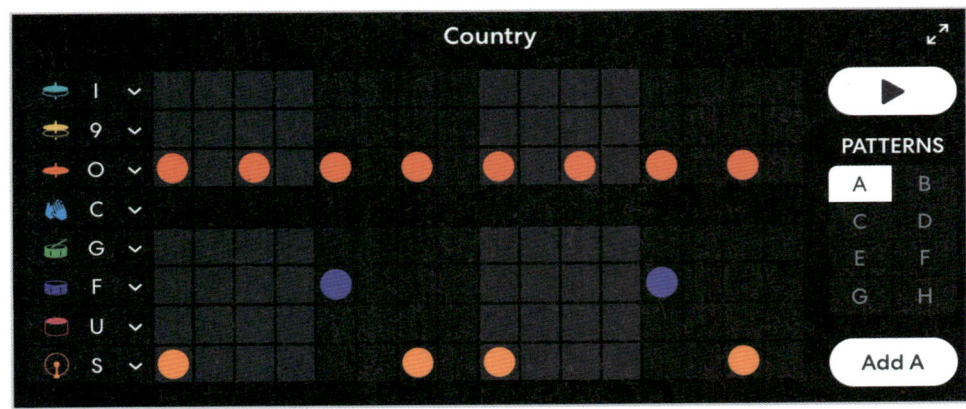

〈8비트〉

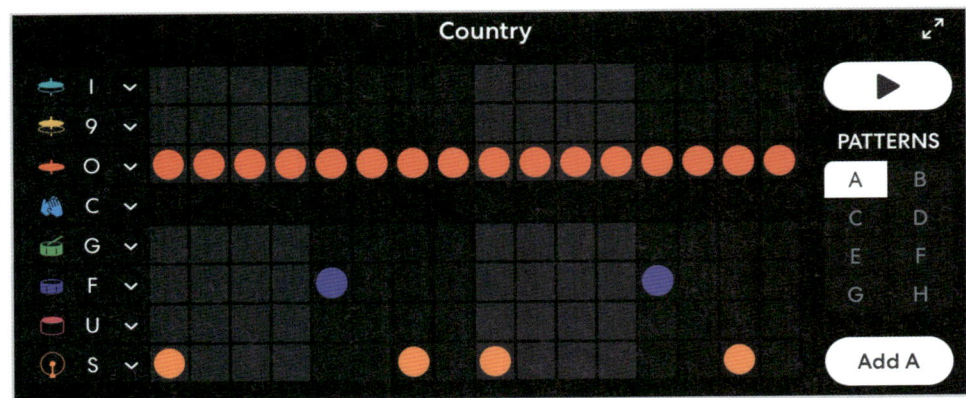

〈16비트〉

하이햇은 일반적으로 클로즈햇 상태에서 사용하며 조금 더 화려한 소리를 만들고 싶을 때는 오픈햇을 섞어서 사용하면 된다.

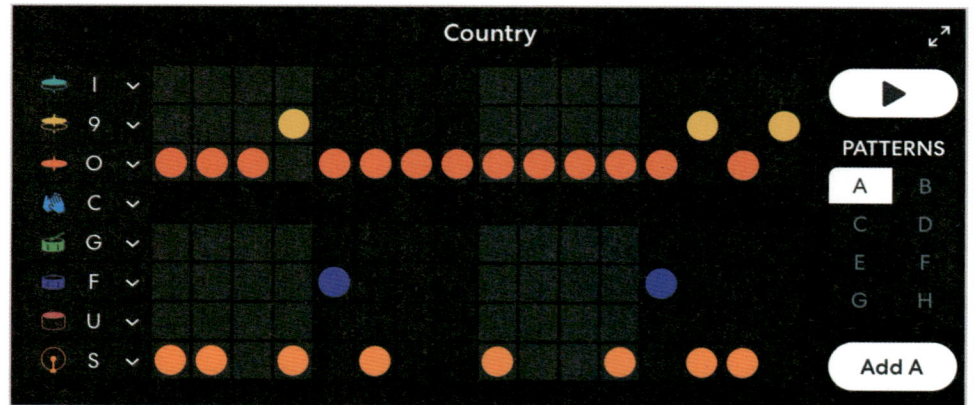

〈클로즈햇과 오픈햇을 같이 사용한 예〉

EDM이나 댄스 음악에서는 오픈햇을 많이 사용하는 편이지만 일반적으로 너무 과하게 사용할 시에는 사운드가 혼탁해질 수 있으니 주의 바란다. 그리고 아직 드럼 소리가 익숙하지 않다면 아래 화살표 부분을 눌러 악기의 이름과 소리를 들으며 익숙해지는 것이 좋다. 그 후에 드럼 소리가 나오는 음악을 들어보면 구분할 수 있을 것이다. 물론 장르에 따라서나 작곡자의 의도에 따라서 다른 음색을 가진 드럼을 사용하기도 한다. 일반적인 어쿠스틱 음악, 댄스, 힙합, 일렉트로닉 음악 등에서 사용하는 드럼들은 각기 다른 음색을 사용한다.

### (3) 드럼머신 위치 이동

드럼머신의 위치를 화면상에서 다른 위치로 이동하기 위하여 3번 부분을 한번 클릭하면 원하는 위치로 이동 시킬 수 있게 활성화 된다. 다시 원래의 기본화면처럼 하단부로 옮기기를 바란다면 3번 부분을 다시 클릭하면 된다. 또한 비트 넣는 곳 위쪽 공간에 마우스를 클릭한 상태로 드래그하면 원하는 위치로 이동시킬 수 있게 된다. 비트 만드는 작업을 하다 보면 본인이 원하는 위치에 놓고 리듬 만드는 것이 편한 경우도 많기에 알아두면 좋다.

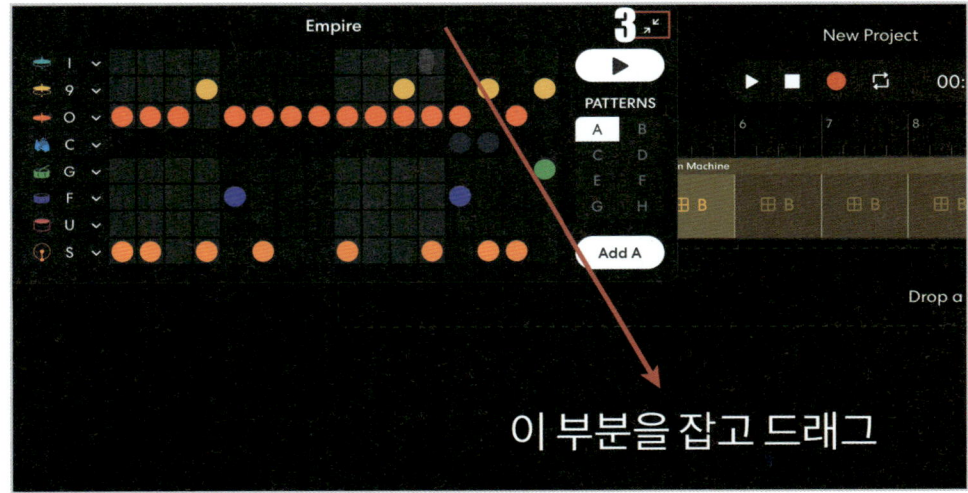

〈드럼머시 위치 이동〉

### (4) 재생/멈춤

원하는 패턴으로 만든 것을 듣기 위해 드럼머신을 재생하는 부분이다. 마우스로 클릭도 가능하지만 스페이스바(SpaceBar)를 이용하면 편리하다.

### (5) 패턴 선택

일반적으로 드럼의 패턴은 1마디마다 바뀌지 않고 계속 같은 패턴을 유지한다. 하지만 곡의 처음부터 마지막까지 같은 패턴을 똑같이 사용하지는 않는다. 예를 들어 A 파트(1절)와 B 파트(후렴)로 구성되어 있는 곡이라면 A파트의 드럼 패턴에서 B파트의 드럼 패턴은 살짝 바뀌거나 더 복잡한 형태로 발전시키는 것이 일반적이다.

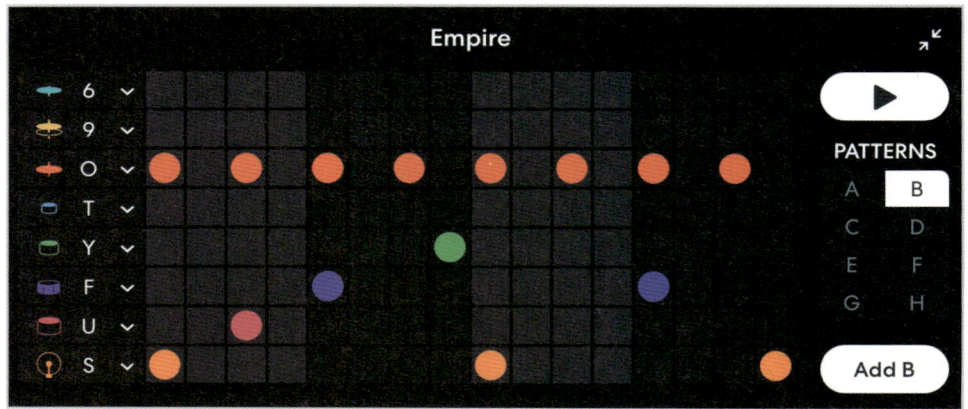

〈PATTERNS〉

이와 같이 새로운 드럼 패턴이 필요하게 되었을 때 사용한다. 먼저 패턴 부분의 A를 눌러 한가지의 패턴을 만들고 새로운 패턴이 필요하게 되면 B나 C 등 다른 부분을 눌러 새로운 패턴을 만들면 된다.

### (6) 패턴 추가

5번에서 A 패턴, B 패턴, C 패턴 등으로 여러 패턴을 만들었다면 패턴 추가 버튼을 클릭하면 된다. 패턴이 A로 되어있다면 Add A로 되어 있을 것이고 패턴이 B로 되어 있다면 패턴 선택 부분이 Add B로 되어 있을 것이다. 트랙을 추가하게 되면 드럼머신 트랙에서 패턴이 마디에 추가되는 것을 볼 수 있다.

<드럼 패턴 추가>

### (7) 드럼 음색 선택하기

다른 음색의 드럼을 사용해보고 싶다면 1번 클릭 후 2번 영역 안에 있는 재생 버튼을 눌러 각각의 소리를 들어본 후 악기 이름 부분들을 클릭하여 선택 사용하면 된다.

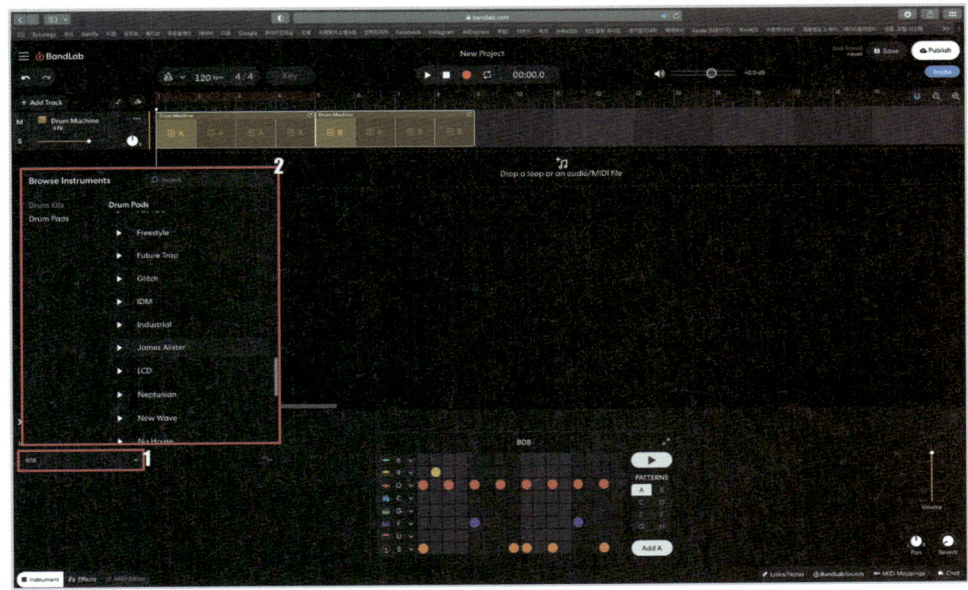

<드럼 선택 창>

여기서 나오는 이름은 피아노, 바이올린, 기타처럼 정형화 되어 있는 이름이 아니다. 프로그램 내에서 자체적으로 만든 이름이기 때문에 비슷한 소리라도 다른 프로그램에서는 전혀 다른 이름일 수도 있다. 하지만 본인이 사용하는 프로그램 내에서 악기 이름과 소리를 기억하는 것은 작업의 능률상 무척 중요하다.

## 3. 트랙 만들기

새로운 악기를 사용하기 위해서는 새 트랙을 생성해야 한다. 악기 트랙의 생성과 사용 방법에 대하여 알아보자.

### 1) 악기트랙 생성 방법

밴드랩 실행 후 처음 화면에서 악기(Instruments)를 선택하는 방법이 있다.

〈밴드랩 악기 트랙 선택〉

그리고 다른 방법으로는 필요할 때마다 Add Track을 이용하여 가상악기(Virtual instruments) 트랙을 추가하는 방식이 있다.

🔊 Add Track을 이용한 트랙 추가

1번(Add Track) 클릭 후 - 2번(Virtual Instruments) 클릭

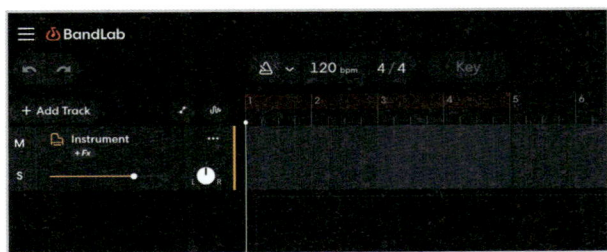

〈생성된 트랙 모습〉

새로운 빈 트랙이 생성되면 리전을 만들어야 한다. 리전은 노트와 같다고 생각하면 된다. 우리가 무엇인가를 적으려면 노트가 필요하듯이 음을 입력하는 부분이 리전이다.

## 2) 트랙에 리전(Region) 생성하기

리전을 만드는 방식은 2가지가 있다. 빈 트랙에 리전을 생성하는 방법과 녹음을 하는 방법이다. 녹음을 하게 되면 자동으로 리전이 생성되는데 여기서는 빈 트랙에 리전을 만드는 방법을 알아보자.

트랙을 생성하고 빈 트랙에서 마우스 우클릭->Create Region 클릭

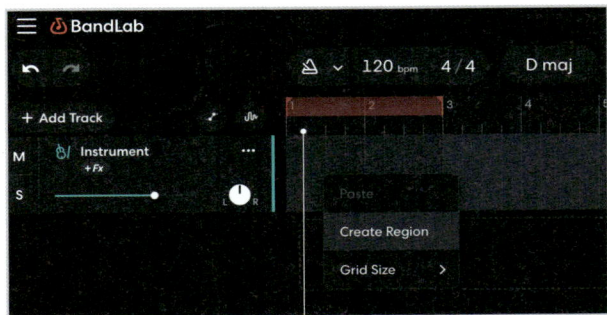

〈리전 생성 방법〉

리전이 생성된 후에 리전의 크기 즉, 마디 수를 늘리거나 줄이고 싶다면 리전의 끝부분을 잡고 마우스로 드래그하면 된다. 만약에 리전에 음표가 있는 상황에서 반복하고 싶다면 오른쪽 상단에 동그란 화살표 부분을 잡고 드래그하면 리전이 반복된다.

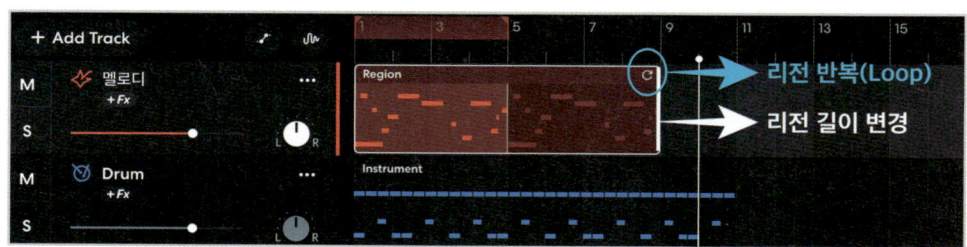

〈리전 길이 변경 및 반복〉

리전의 크기가 아니라 위치를 옮기고 싶다면 리전 중간 부분을 클릭한 후 드래그하면 된다.

### 3) 트랙의 기능

〈트랙 설정 창〉

- **뮤트(Mute)** : M 클릭 시 뮤트(Mute) 기능이다. 특정 트랙의 소리를 안 나오게 할 수 있다. 어떠한 소리를 사용한 후 과연 이 소리가 들어가는 것이 좋은지 안 좋은지 비교하고 싶을 때 사용한다.
- **솔로(Solo)** : S 클릭 시 솔로(Solo) 기능이다. 특정 트랙의 소리만 나오게 할 수 있다. 어떠한 소리를 사용한 후 에디팅과 같은 이유로 이 소리만 들어봐야 하는 상황에서 사용한다.
- **볼륨(Volume)** : 노란색 네모 부분이며 볼륨(Volume) 기능이다. 특정 트랙의 소리

크기를 정할 때 사용한다. 좌측으로 하면 소리가 작아지고 우측으로 하면 소리가 커진다.
- 팬(Pan) : 소리의 좌우 방향을 조절할 수 있다. 보라색 네모 안 동그란 노브를 L 쪽으로 돌리면 해당 트랙의 소리가 좌측에서 나오고 R 쪽으로 돌리면 우측에서 소리가 들리게 된다.

🔊 트랙 이름 바꾸기

뮤트 옆에 소리의 이름이 나와 있는 곳을 더블 클릭하면 이름을 바꿀 수 있다. 작업자가 알아보기 쉽게 기타, 피아노, 바이올린 등 한글이나 영어로 표기하고 만약에 효과음 트랙이라면 떨어지는 소리, 깨지는 소리 등으로 적으면 작업이 편리하다.

〈트랙 이름 변경 방법〉

트랙 이름 옆 부분 … 을 클릭하면 또 다른 메뉴창이 열린다.

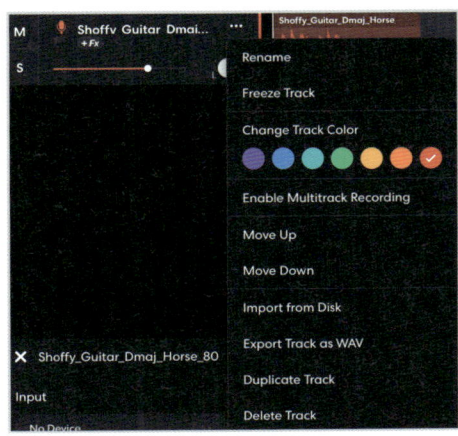

〈트랙 세부 설정 창〉

각각의 메뉴에 대하여 알아보자.

- **Rename** : 트랙의 이름을 바꿀 수 있다.

- **Freeze Track** : 트랙의 비활성화이다. 여러 트랙이나 효과들을 사용했을 때 컴퓨터 성능의 부담을 줄이기 위하여 사용한다. 미디 트랙을 렌더링하여 오디오 트랙으로 바꿔주는 방식인데, 트랙에 사용하는 실시간 효과들 예를 들어 리버브, 딜레이와 같은 실시간 이펙터들을 사용하지 않아도 되기 때문이다. 실시간으로 적용되는 이펙터들은 컴퓨터의 메모리를 쉽게 과부하 시킨다. 그래서 과도한 트랙 사용과 같은 이유로 컴퓨터의 성능이 부족하다고 느낄 때 해당 미디 트랙의 프리즈 트랙을 사용하면 눈꽃 모양의 아이콘이 생기며 미디 트랙을 렌더링한다. 프리즈 트랙의 기능을 사용할 때는 해당 트랙이 완성되어 있어서 수정이 필요 없다고 느낄 때 사용하면 된다. 수정을 다시 해야 할 상황이라면 다시 점점점 부분을 클릭하여 언프리즈 트랙(Un Freeze Track)을 하면 된다.

- **Change Track Color** : 트랙의 색상을 바꿔주는 기능이다. 시각적인 부분을 위하여 바꾸고 싶은 색을 클릭하면 해당 트랙의 색상이 바뀐다.

- **Enable Multitrack Recording** : 멀티트랙 레코딩을 가능하게 해주는 기능이다. 다수의 트랙을 이용하여 각기 다른 소리를 동시에 녹음 받기 위하여 사용한다.

- **Move Up** : 해당 트랙의 위치를 위쪽으로 이동시킨다.

- **Move Down** : 해당 트랙의 위치를 아래쪽으로 이동시킨다.

- **Import from Disk** : 컴퓨터에 저장된 오디오 소스들을 불러들여 사용할 수 있다.

- **Export Track as WAV** : 트랙에 있는 소리를 비압축 음악 파일인 웨이브(WAV)로 내보내는 기능이다.

- **Duplicate Track** : 트랙을 복사하는 기능이다.

- **Delete Track** : 트랙을 삭제하는 기능이다.

## 4) 악기 선택

아래 그림과 같이 새로운 트랙을 생성한 후에는 사용할 악기를 지정해줘야 한다.

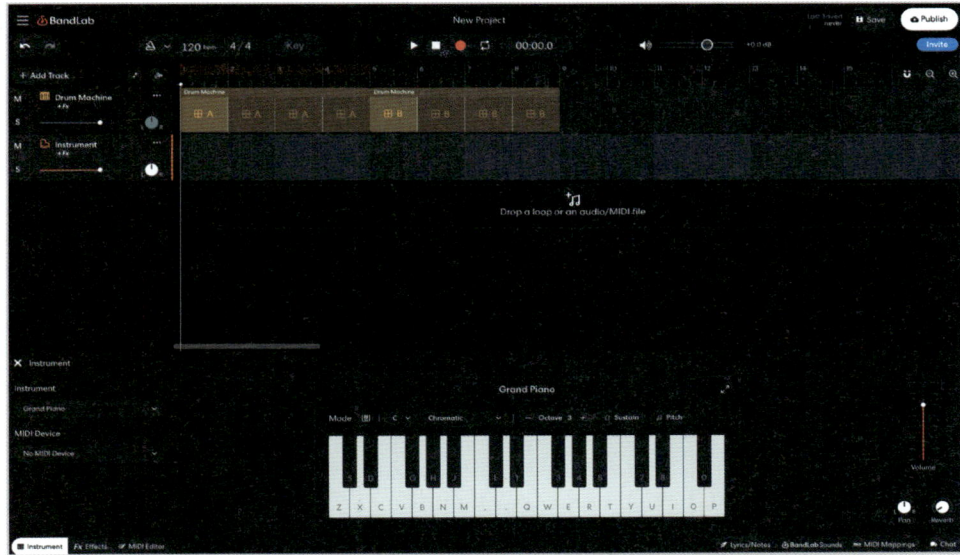

⟨Instruments⟩

새로운 트랙이 생성되면 기본적으로 피아노로 설정되어 있지만 원하는 악기 소리로 바꿀 수 있다. 다른 악기로 바꿔보자. 일단 좌측 하단부의 악기(Instruments) 트랙이 그랜드 피아노(Grand Piano)로 설정 되어 있는 1번을 클릭하면 2번 창이 열리는 것을 볼 수 있다, 드럼머신에서 악기 소리를 골랐던 것과 같은 방법으로 악기 소리를 먼저 들어보고 원하는 악기로 선택하면 된다.

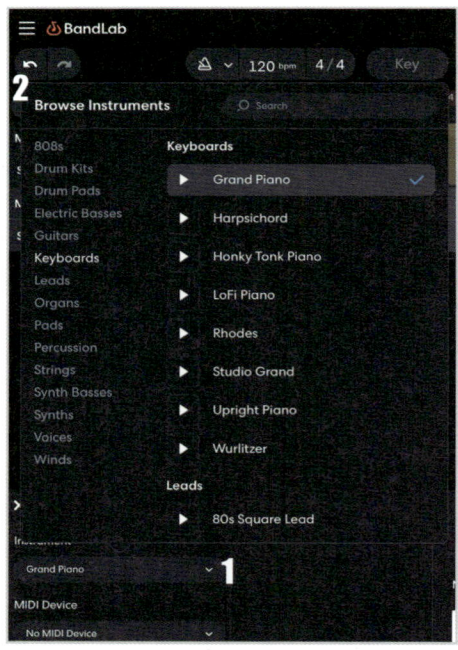

〈Instruments 선택 창〉

🔊 악기의 종류

원하는 악기를 고르기 전에 먼저 2번 창의 좌측에 있는 악기군에 대하여 알아보자. 악기들은 자연적인 울림으로 소리를 내는 어쿠스틱 악기, 전자 장치를 이용하여 소리를 증폭시켜 울리는 전자 악기, 인공적으로 악기 소리를 재현하거나 만들어 낸 신스 악기, 이렇게 3가지로 구분 지을 수 있다.

- **808s, Drum Kits, Drum Pads** : 비트를 만들기 위한 드럼 소리다. 특히 808s는 인공적으로 드럼 소리를 만든 것이다. 저음이 강한 킥 소리 때문에 일렉트로닉 음악과 힙합 음악에서는 자주 애용된다. 그리고 드럼 킷은 어쿠스틱 드럼과 전자 드럼 소리가 있으며 드럼 패드는 드럼 소리와 함께 일렉 음악에서 자주 사용되는 소리들이 섞여있다.
- **Electric Basses** : 일렉 베이스는 전자 베이스 기타 소리를 뜻한다.

- **Guitar** : 클래식 기타, 통기타와 같은 어쿠스틱 기타 및 전자 기타 등의 소리이다. 어쿠스틱 기타 또는 통기타에는 나일론 기타(Nylon Guitar)와 스틸 기타(Steel Guitar)가 있다. 흔히 클래식 기타라고 말하는 기타는 나일론 줄을 사용하기 때문에 정확한 이름으로는 나일론 기타이다. 그리고 나일론 기타보다 더 많이 사용되기 때문에 통기타라고 하면 쉽게 연상되는 기타는 쇠줄을 사용하기 때문에 정확한 이름은 스틸 기타이다. 밴조(Banjo)는 미국의 대표적인 민속악기이다. 우리가 흔히 흑인 노예가 나오는 영화 또는 미국의 시골이나 서부가 배경인 영화 같은 것을 보면 기타 같은 악기를 들고 연주하는 장면을 본 적이 있을 것이다. 바로 그 악기가 밴조이다.
- **Keyboards** : 키보드는 건반 악기들을 말한다. 피아노는 물론이고 아코디언(Accordion), 하프시코드(Harpsichord), 홍키통크 피아노(Honky Tonk piano), 로즈(Rhodes)와 같은 악기들도 포함되어 있다. 하프시코드는 피아노가 상용화되기 이전의 악기이며 중세 배경의 영화에서 백발 가발을 쓴 연주자나 귀족들이 자주 연주하는 장면에서 나오는 악기 중의 하나라고 생각하면 된다. 홍키통크 피아노는 서부 배경 영화의 술집에서 자주 나오며 조율이 맞지 않고 여운이 짧고 가벼운 소리가 나는 피아노라고 생각하면 쉽다. 로즈는 일렉트릭 피아노이다. 은은하고 부드러운 소리가 나며 신디사이저라고 착각하기도 하지만 로즈는 일렉트릭 피아노에 속한다.
- **Leads** : 리드는 주로 멜로디처럼 음악의 선율을 이끄는 역할을 할 수 있는 소리들을 뜻하지만 멜로디 같은 역할뿐만이 아니라 다양한 방식으로도 사용한다. 인공적인 합성음이며 발라드부터 일렉음악까지 모든 장르에서 자주 사용된다.
- **Organ** : 오르간을 뜻한다. 오르간은 건반 악기이기도 하지만 일반적인 건반악기와는 특성이 다르다. 대부분 건반악기는 건반을 누르면 현을 타격하여 소리를 내지만 오르간은 관을 이용하여 소리를 내기 때문에 다른 건반악기들과 질감이 다르다. 특히 오르간은 화려한 음악에서 사용하면 효과가 좋다. 클래식부터 디스코와 같은 대중음악까지 모두 사용하며 음악의 각 장르에서 사용하는 오르간은 종류가 다르다는 것을 잊지 말자.

- **Pads** : 음악에서 사운드 간의 빈공간을 뒤쪽에서 조용히 채워주는 역할로 많이 사용한다. 장르를 가리지 않고 사용되며 일렉 음악에서 코드를 구성하는 사운드로도 많이 사용한다. 패드도 인공적인 합성음이기 때문에 이름에 연연하지 말자. 그냥 프로그램 개발자가 만든 이름일 뿐이다.
- **Percussion** : 퍼커션은 타악기이다. 흔들고 때려거나 문지르고 긁어서 소리를 내는 악기들을 말한다. 대중음악부터 클래식, 영화 음악 등에서 자주 사용되는 타악기 소리들이다. 오케스트라나 영화음악에서 자주 사용되는 큰 북 형태의 악기는 팀파니(Timpani)이며 글로켄슈필(Glockenspiel), 마림바(Marimba), 비브라폰(Vibraphone), 실로폰(Xylophone)은 모두 어렸을 때 한 번쯤은 연주해봤던 실로폰처럼 생겼지만 그 크기가 무척 크다. 실로폰은 대부분 금속으로 만든 줄 알고 있지만 사실 나무로 만들어져 있고 실로(Xylo)라는 뜻이 나무라는 단어이다. 그리고 금속으로 만들어진 악기는 글로켄슈필의 작은 종류라는 것도 알아두자.
- **Strings** : 스트링은 현악기들을 말한다. 오케스트라에서 사용되는 바이올린(Violin), 비올라(Viola), 첼로(Cello), 더블베이스(Double Bass)들과 함께 하프(Harp), 칸텔레(Kantele), 고토(Koto), 시타르(Sitar)도 있다. 풀 스트링(Full Strings)은 바이올린, 비올라, 첼로, 더블베이스가 합쳐져 있는 소리이며 어쿠스틱 베이스(Acoustic Bass)는 사실 더블베이스와 같은 악기이지만 일반적으로 활을 이용하여 연주할 때는 더블 베이스, 재즈와 같은 장르에서 손으로 줄을 뜯어서 연주할 때는 어쿠스틱 베이스라고 표현한다. 참고로 칸텔레는 핀란드의 민속악기이며 고토는 우리나라의 가야금과 비슷한 일본의 전통악기다. 시타르는 인도의 민속악기로 기타와 비슷하지만 무척 크다.
- **Synth Basses** : 신스 베이스는 합성음으로 만든 베이스를 뜻한다. 주로 일렉 음악에서 많이 사용하는 소리이다.
- **Synths** : 신스는 다양한 질감의 신스 소리들이 있다.
- **Voice** : 보이스는 문자 그대로 사람의 목소리나 로봇 효과가 있는 소리이다. 실제 사람의 목소리는 아니고 인공적으로 합성한 소리이다.
- **Winds** : 윈드 소리는 관악기이다. 색소폰(Saxophone), 바순(bassoon), 클라리넷

(Clarinet), 플룻(Flute), 오보에(Oboe), 팬플룻(Pan Flute)과 같은 목관악기들과 트럼펫(Trumpet), 트롬본(Trombone), 튜바(Tuba), 프렌치호른(French Horn)과 같은 금관악기들이 있다. 참고로 색소폰이나 플룻을 금관 악기로 알고 있는 사람들이 많지만 색소폰이나 플룻은 목관 악기이다.

# 05 멜로디

## 1. 멜로디 윤곽과 진행방법

음악에 사용할 리듬을 만들었다면 멜로디를 만들어보자. 멜로디는 연속되는 음들의 연결을 말한다. 그리고 연결된 음에는 올라가는 패턴이나 내려가는 패턴을 보인다, 이를 '멜로디 윤곽'이라고 한다.

〈멜로디 윤곽〉

음악을 들으면서 멜로디 윤곽을 느끼는 것은 전문 음악가나 일반인이나 별 차이가 없다. 아이들이 처음으로 경험하는 음악 내에서 제일 먼저 파악하는 것도 멜로디 윤곽이며 리듬이나 하모니보다 멜로디를 더 쉽게 기억하는 것이 일반적이다. 그래서 작곡가들이 음악을 만들 때 가장 중요하게 생각하는 부분은 멜로디인 경우가 많다.

## 2. 순차진행과 도약진행

멜로디의 진행에는 순차진행과 도약진행이 있다. 음과 음의 간격인 음정에서 똑같은 음은 0도가 아니다. 똑같은 위치에 있는 음을 1도라고 한다. '도-레', '솔-라'와 같이 한음 차이가 나는 간격을 2도 간격이라고 한다. '도-미'는 3도 간격, '도-파'는 4도 간격이 된다.

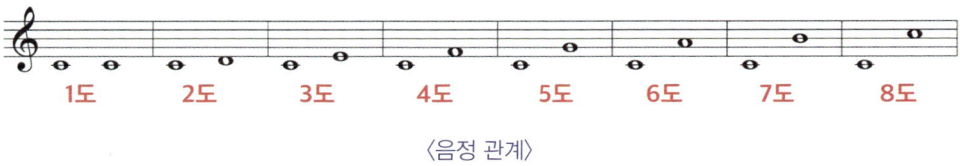

〈음정 관계〉

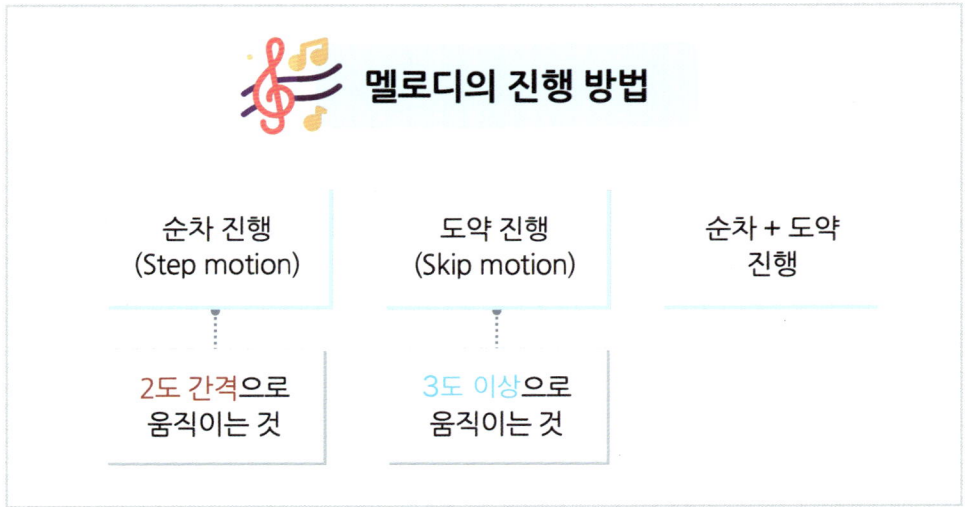

2도 간격으로 움직이는 순차진행은 듣기에도 편하고 부르기도 쉽다고 하지만 순차진행만이 계속 나온다면 단조로울 수도 있다.

〈순차 진행〉

3도 이상의 간격으로 움직이는 도약진행은 순차진행에 비해 부르기가 쉽지 않다. 음정의 간격이 멀수록 더 어려워진다. 그래서 노래곡보다는 연주곡에서 더 많이 사용된다. 하지만 음악적인 포인트가 될 수도 있다.

〈도약 진행〉

그래서 모든 음악은 순차진행과 도약진행이 같이 사용된다. 다만 노래곡에서는 연주곡에 비하여 순차진행의 비율이 더 높은 편이라는 것을 기억하자.

그리고 진행에는 순차진행과 도약진행만이 있는 것이 아니다. 계속 같은 음에 머무르는 방법도 있다.

〈같은 음 분할〉

당연히 같은 음을 노래하거나 연주하기는 쉽다. '그렇다면 지루하지 않을까?'라는 생각을 할 수도 있지만 그렇지 않다. 음악에는 가사가 있거나 리듬이 있거나 다른 악기가 나오거나 하는 여러 상황이 동반되기 때문이다. 같은 음 분할 사용과 함께 1~2개의 다른 음만 추가해도 나쁘지 않다. 적극적인 사용을 추천한다.

〈순차진행 + 도약진행 + 같은 음 분할을 사용한 예〉

## 3. 좋지 않은 멜로디의 경우

지금까지는 멜로디 진행 방법에 대하여 알아보았는데 좋지 않는 멜로디의 경우는 어떠한 것들이 있는지 알아보자.

좋지 않은 멜로디는 대부분 다음과 같은 특징을 가진다.

① 쉼표가 없음
② 도약이 너무 심하거나 옥타브를 넘는 진행이 많음
③ 멜로디의 음이나 리듬이 너무 단조로움
④ 멜로디가 너무 많음

말에도 마침표나 쉼표가 있어야 더욱 정확한 전달이 가능한 것처럼 멜로디에 쉼표가 없는 경우는 좋지 않다. 노래를 부르기에도 호흡을 할 수가 없다.

〈쉼표가 없는 경우〉

도약이 너무 심하거나 옥타브를 넘는 진행이 많은 경우는 듣고 있기도 불편하고 연주하거나 노래 부르기도 쉽지 않다. 지금 바로 순차진행으로 아무 음이나 불러보거나 연주해보면 바로 알 것이다. 그래서 도약이 심한 경우에는 도약의 반대 방향으로 순차진행을 사용하여 안정화하는 것이 좋다는 것을 기억하자.

〈도약이 심하거나 옥타브가 넘는 경우〉

멜로디에 음이 너무 적거나 리듬이 단조롭다면 당연히 심심하게 느껴지고 별로 음악 같지 않게 느껴지기에 좋지 않다.

〈음이나 리듬이 단조로운 경우〉

만약 누군가가 쉬지 않고 말을 한다면 집중력 있게 듣고 있기가 쉽지 않은 것처럼 멜로디가 너무 많은 경우도 좋지 않다. 연주나 노래하기도 쉽지 않고 사람들이 음악을 듣고 기억하기도 어렵기 때문이다. 클래식 음악 중 연주곡에서는 종종 사용하는 방법이기는 하지만 일반적인 대중음악에서 즐겨 사용하는 방법은 아니라는 것을 기억하자.

〈멜로디가 너무 많은 경우〉

## 06 멜로디 입력 방법

드럼 머신을 이용하여 리듬도 만들어 보았고 새로운 악기 사용을 위하여 트랙 생성과 리전을 만드는 방법도 알아보았다. 그리고 멜로디란 무엇인가에 대한 부분도 간단히 살펴보았다. 그럼 이제 멜로디로 이용할 악기를 고른 후에 멜로디를 입력해보자. 어떠한 악기를 사용해도 상관없다. 그리고 멜로디 입력을 위해서는 미디 키보드가 없다는 전제하에 마우스를 이용하여 음을 입력 할 수도 있지만 키보드의 자판을 이용하는 방법도 있다. 악기 트랙을 선택한 후 보면 건반의 모습이 보인다. 흰 건반과 검은 건반 부분을 보면 영어 알파벳과 숫자가 있으며 키보드의 자판을 누르면 해당 음이 난다. 일단 컴퓨터 키보드의 제일 하단 부분에 일렬로 되어 있는 Z, X, C, V, B, N, M, , 을 이용하여 멜로디를 만들어보자. 당신이 초보자라면 일단 검은 건반을 사용하지 않고 흰 건반인 도, 레, 미, 파, 솔, 라, 시, 도를 이용하자.

〈밴드랩 키보드〉

## 1. 밴드랩 키보드 기능

밴드랩 키보드를 이용하여 음을 입력하기 위하여 기능을 알아보자.

- **Mode** : 건반의 모양을 바꾸어 사용할 수 있다. Keyboard, Smart Keys, Smart Grid의 3가지 모드가 있다.
- **C** : Key를 정하는 기능이다.
- **Chromatic** : 스케일을 정하는 기능이다.
- **Octave** : 음역을 정하는 기능이다. [-]를 클릭하면 음 영역이 낮아지고 [+]를 클릭하면 음 영역이 높아 진다.
- **Sustain** : 음을 길게 유지시키는 서스테인 페달 기능이다.
- **Pitch** : 키보드의 단축키와 음높이를 선택해서 표시해주는 기능이다.

여러 기능이 있기는 하지만 음역 변경을 위한 옥타브(Octave) 기능과 서스테인(Sustain) 기능 외에는 별로 사용할 일이 없다. 모드(Mode)를 스마트 키(Smart Keys)로 바꾼 후에 [+]나 [-]를 클릭해보면 옥타브 옆 숫자가 바뀌면서 건반의 음역이 바뀌는 모습도 볼 수 있어서 지금 건반이 어느 음역대에 있는지 알 수 있다.

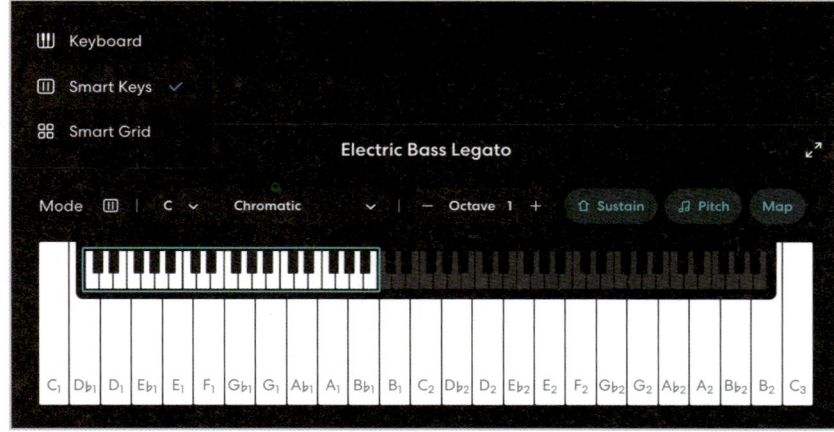

〈스마트 키(Smart Keys) 모드〉

밴드랩 키보드를 이용하여 멜로디 연주를 할 때 양 손가락을 이용하여도 쉽지 않을 것이고 더군다나 처음부터 8개의 음을 모두 사용하여 연주한다면 더욱 어려울 것이다. 미리 사용할 3~5개의 음을 정한 후에 4마디 정도를 연주해보자. 좋은 멜로디가 나오지 않고 아무리 해봐도 이상한 멜로디가 나온다면 다른 방법을 사용해보자.

만들어 놓은 드럼 패턴을 재생시켜놓고 멜로디를 만드는 방식이다. 이 방식을 사용하면 조금 더 쉽게 멜로디를 만들 수 있다. 먼저 반복 버튼을 클릭한 후에 보면 반복 재생 구간이 활성화가 된다. 그다음 재생 버튼을 클릭하면 원하는 구간만 반복되면서 리듬머신으로 만들어 놓은 소리를 들을 수 있다.

〈밴드랩 재생 및 녹음 설정 메뉴〉

이 소리를 들으면서 멜로디를 만들어보자. 만약에 템포가 너무 빠르거나 느리다면 빠르기 부분의 숫자를 더블 클릭한 후에 원하는 숫자를 넣어주거나 빠르기 부분 위·아래 경계 지점에 마우스 커서를 가져다 놓으면 커서의 모양이 바뀌게 된다. 그 상태에서 위 또는 아래로 마우스 휠을 돌려주면 빠르기가 바뀐다. 드디어 마음에 드는 멜로디가 나왔다면 녹음 버튼을 눌러 멜로디를 입력하고 정지 버튼을 눌러 입력을 마치면 된다. 입력을 마친 후에 보면 트랙에 리전(Region)이 자동으로 생성되며 연주한 음들이 입력된 것을 볼 수 있다.

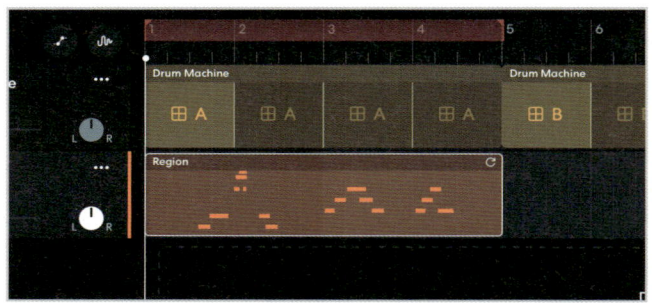

〈녹음 후 리전이 자동으로 생성된 모습〉

만약에 리전에 입력된 멜로디가 마음에 들지 않는다면 리전 부분을 우클릭한 후에 삭제(Delete)를 좌클릭하면 된다. 그리고 꼭 한 번에 반복 재생 구간을 다 입력해야 하는 것은 아니다. 녹음 중에는 이미 입력 해 놓은 부분도 덮어쓰기가 가능하니까 부분부분 입력해도 된다. 만약에 반복되는 구간을 더 짧게 하고 싶거나 늘리고 싶은 상황이 생길 수도 있다. 그럴 때는 마디 표시가 있는 구간을 자세히 보면 반복 재생 시작점과 끝점이 보일 것이다. 이곳으로 마우스 포인터를 옮기면 커서가 바뀌게 된다. 그때 반복 재생 시작점이나 끝점에서 마우스를 클릭한 후에 좌·우로 드래그하면 된다.

## 2. 메트로놈 설정(Metronome Settings)

리듬 머신 없이 녹음할 상황이라면 녹음 위치 전에 정확한 예비 박을 안내해 주는 메트로놈(Metronome) 기능을 사용하면 된다. BPM 옆에 있는 메트로놈 화살표를 클릭하면 다음과 같은 설정 창을 볼 수 있다.

〈메트로놈 설정 창〉

- **Tap Tempo** : 원하는 박자에 맞춰서 클릭을 해주면 자동으로 빠르기를 찾아주는 기능이다.
- **Metronome Sound** : 메트로놈의 소리를 변경 하는 기능이다.
- **Metronome Volume** : 메트로놈 소리의 크기를 조절할 수 있다. 소리가 너무 크거나 작으면 사용하면 된다.
- **Count-in Duration** : 메트로놈이 재생되는 예비 박 길이를 지정할 수 있다.
  - Off : 메트로놈 끔
  - 1 Bar : 메트로놈이 1마디만 예비 박으로 재생된다.
  - 2 Bar : 메트로놈이 2마디만 예비 박으로 재생된다.

### 3. 멜로디 리듬 만들기

멜로디를 만드는 또 다른 방법은 리듬을 강조한 멜로디를 만드는 방식이다. 아래의 악보에서 리듬을 조합하여 한마디를 만들어보자. 음정은 신경 쓰지 말자.

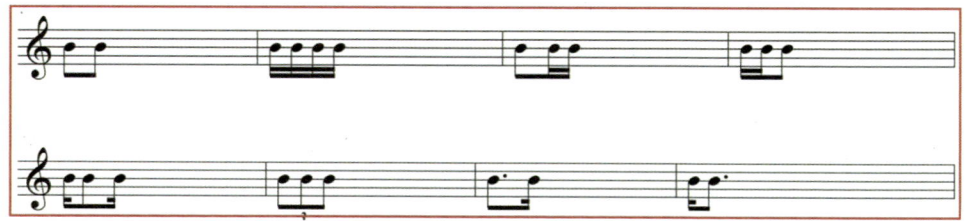

〈보편적으로 많이 사용되는 리듬〉

재미있는 리듬을 만들어 냈다면 한 음만으로 연주해도 나쁘지 않을 것이다. 그렇다면 재미있는 리듬은 어떤 것일까? 화려하고 어려운 리듬이 절대로 좋은 것이 아니다.

〈1마디 내 반복적 리듬 사용〉

위와 같이 반복적인 리듬을 이용하여 일단 한마디를 만들어보자. 그 다음에는 앞에 마디에서 사용했던 리듬을 이용하여 다음 마디를 꾸며서 2마디짜리 패턴을 만들어 보자.

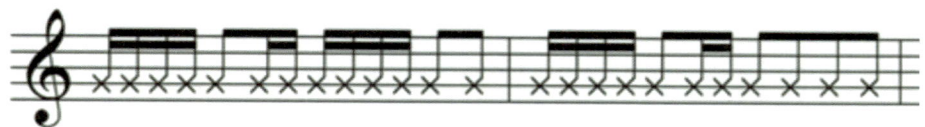

〈반복적 리듬 사용한 2마디 패턴〉

이렇게 반복이라는 요소를 사용하면 쉬우면서도 입에서 계속 흥얼거릴 수 있는 리듬을 만들 수 있다. 흔히 초보자일수록 오히려 반복을 사용하지 않고 계속 바뀌는 리듬을 사용하여 음악을 어렵게 만드는 경향이 있다. 한 음만으로도 나쁘지 않은 리듬이 나왔다면 또 다른 음을 첨가해보자. 이런 방식으로 새로운 음을 첨가하면서 멜로디를 만들어보면 좋다. 너무 많은 리듬이 나오거나 계속해서 새로운 리듬을 사용한다면 결코 좋은 음악이 될 수 없는 것처럼 많은 음을 사용하거나 계속해서 새로운 음을 사용하는 것이 결코 좋은 멜로디가 아니다. 같은 음의 연속적인 사용을 두려워하지 마라. 재미있는 리듬이라고 생각된다면 몇 개의 음을 붙여보자. 나쁘지 않을 것이다. 리듬이 튼튼하다면 좋은 멜로디가 나올 가능성이 커진다.

# 07 미디 에디터(MIDI Editor)

## 1. 미디 에디터(MIDI Editor) 사용하기

녹음 버튼을 이용하여 간단한 음을 입력하는 것은 크게 어렵지 않지만 조금 어려운 멜로디를 녹음하는 것은 쉽지 않다. 그리고 특정 음만 고치거나 박자를 고치고 싶을 때는 다시 녹음해야 하는 불편함이 따른다. 이럴 때 미디 에디터를 사용하면 완성도와 편리성을 높일 수 있다. 그렇다면 미디 에디터를 사용하는 방법을 알아보자.

미디 에디터를 사용하기 위해서 먼저 좌측 하단에 있는 미디 에디터(MIDI Editor)를 클릭한다.

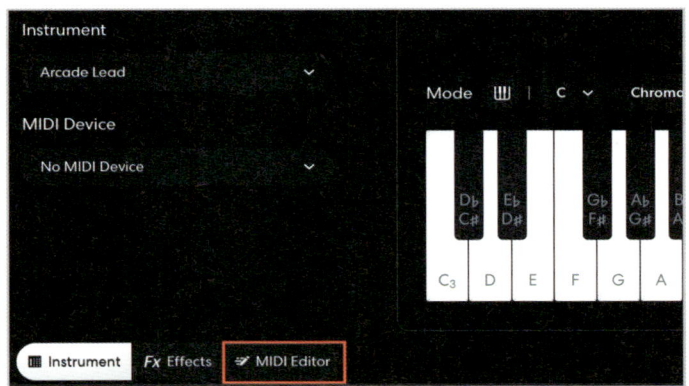

〈미디 에디터〉

미디 에디터를 여는 또 다른 방법으로는 리전을 더블클릭하는 것이다. 편한 입력을 위하여 미디 에디터와 트랙의 경계선을 드래그하여 크기를 조절할 수 있다.

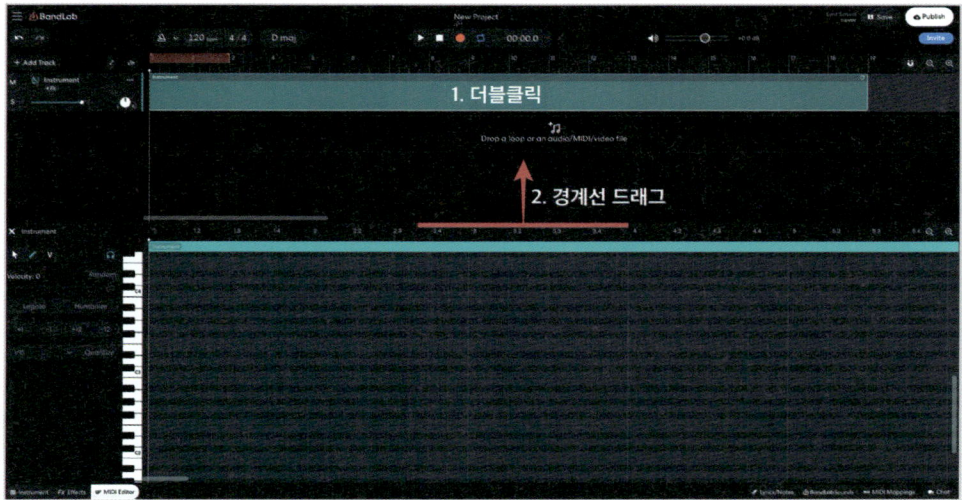

〈미디 에디터 확대 방법〉

미디 에디터를 사용하는 방법과 기능에 대하여 자세하게 살펴보자.

1) 애드 노트(Add Note)

음을 입력하기 위하여 좌측 1번 부분에 연필처럼 생긴 애드 노트(Add Note)를 선택하여 2번 영역 안에 클릭하면 음이 생성된다. 앞으로는 애드 노트 툴을 편의상 연필이라고 부르겠다.

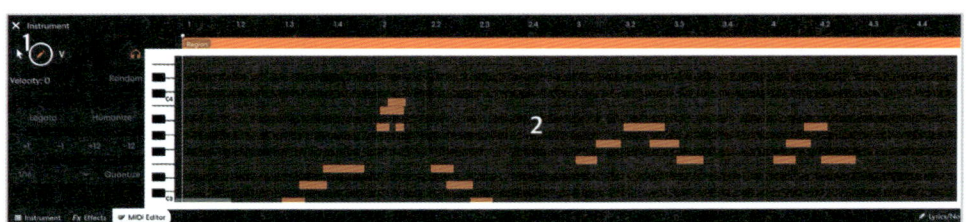

〈노트 입력 부분〉

긴 음표를 만들고 싶다면 2번 영역 안에서 음을 입력할 때 짧게 클릭하지 말고 클릭한 후 드래그를 하면 된다. 입력된 음을 삭제하고 싶다면 더블 클릭하면 된다. 음정을 바꾸거나 박자의 위치를 바꾸고 싶다면 입력된 음의 가운데 부분을 클릭한 상태로 상하좌우로 옮기면 된다.

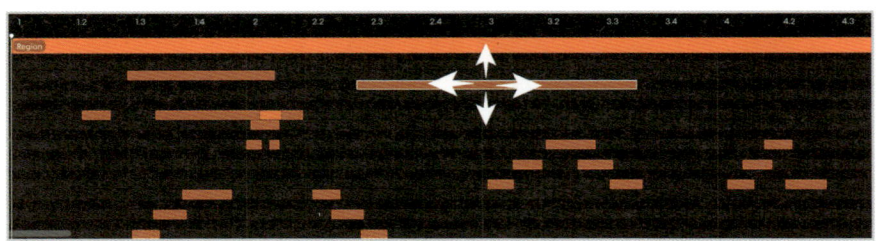

〈노트 이동〉

이미 입력되어 있는 음을 길게 또는 짧게 바꾸고 싶다면 연필을 음의 시작점이나 끝점으로 옮기면 포인터의 모양이 바뀌게 된다. 그 상태에서 클릭 후 좌우로 드래그 하면 된다.

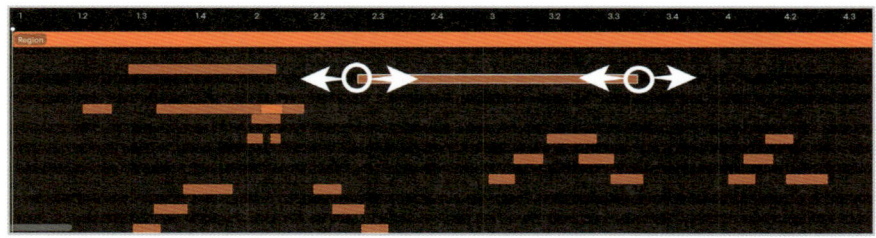

〈노트 길이 변경〉

미디 에디터 1마디는 16칸으로 되어 있다. 1개 칸은 16분음표이고 2칸이 되면 8분음표가 되고 4칸이 되면 4분음표 즉 1박자가 된다. 미디 에디터 상부 쪽은 마디와 박자의 위치를 알려준다. 1, 2, 3, 4.... 는 마디 수를 나타내며 1.2는 1마디의 2번째 박, 1.3은 1마디의 3번째 박, 1.4는 1마디의 4번째 박을 나타내는 것이다.

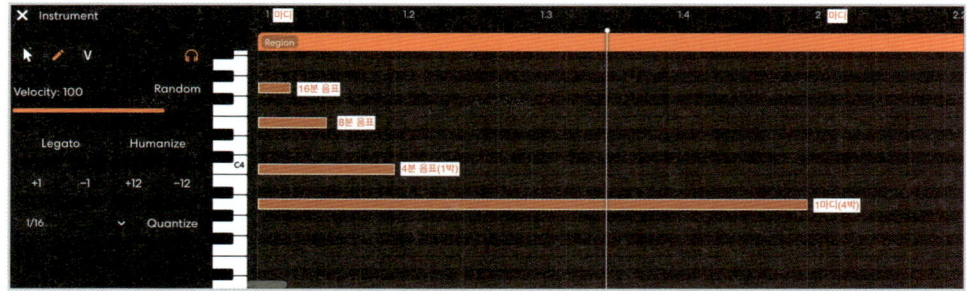

〈미디 에디터 음표 길이〉

## 2) 미디 에디터 건반

미디 에디터의 건반 모양은 음의 높낮이를 알려준다. 음표를 입력하는 곳을 위아래로 움직여보면 제일 아래쪽에 있는 건반이 C1부터 시작하며 점점 위쪽으로 C2, C3, C4...... 순으로 되어있는 것을 볼 수 있다. 일단 C는 도, 레, 미, 파, 솔, 라, 시의 음 중에 도를 뜻한다. 도레미파솔라시도는 이탈리아 방식의 음이름이다. 우리나라는 다, 라, 마, 바, 사, 가, 나라고 읽고, 영·미권에서는 C, D, E, F, G, A, B로 읽는다. 그럼, C1과 C2의 차이도 알아보자. 일반적인 피아노는 건반의 개수가 88개이다. 그래서 제일 낮은 쪽에 있는 도를 C1이라고 하고 두 번째 위치해 있는 도는 C2, 세 번째 있는 도는 C3가 되는 방식이다. 컴퓨터음악 프로그램이나 악보, 악기 제조사에 따라서 제일 아래쪽에 있는 도를 C0부터 기준하기도하고 C1부터 기준으로 하기도 한다. 그래서 가운데 있는 도 즉, 가온다(Middle C)가 C3가 되기도 하고 C4가 되기도 한다. 하지만 국제적으로 통용되는 기준은 C4이며 미디 악보에서는 C3이다. 사용하는 시퀀싱 프로그램에 따라 다를 수도 있으니 제일 좋은 방법은 귀로 듣고 기준을 삼으면 된다. 일단 밴드랩에서는 C4이다.

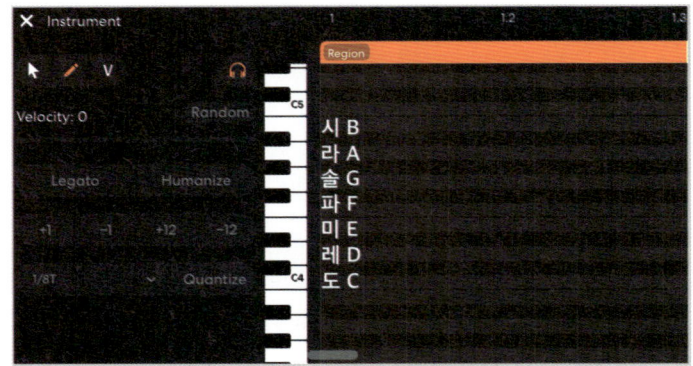
〈미디 에디터 음높낮이〉

참고적으로 흰건반과 검은 건반은 반음 관계라고 하고 흰건반들은 중간에 검은 건반이 없는 미-파와 시-도만 반음 반계이고 나머지는 온음 관계이다.

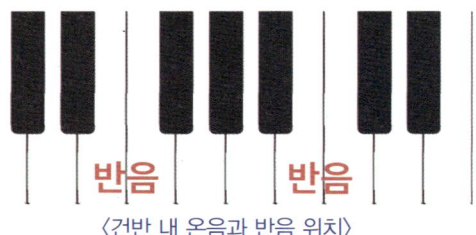
〈건반 내 온음과 반음 위치〉

미디 에디터의 기능을 조금 더 살펴보자.

## 3) 셀렉트 노트(Select Note)

연필 툴 왼쪽에 있고 마우스 포인터처럼 생긴 셀렉트 노트(Select Note) 툴은 연필 툴과 기능이 거의 같다.

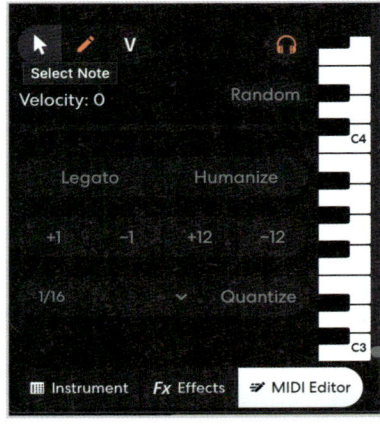

〈셀렉트 노트 툴〉

단지 음을 입력하려면 연필 툴은 클릭 한 번이면 되지만 셀렉트 노트는 더블 클릭을 해야 입력이 가능하다. 그러나 셀렉트 노트의 가장 큰 특징은 여러 음의 중복 선택이 가능하다는 것이다. 아래 그림과 같이 한 번에 여러 개의 음을 중 선택하여 키보드의 Delete 키를 누르거나 마우스 우클릭에서 Delete를 선택하여 삭제할 수 있다. 그리고 상하좌우로 위치를 이동시킬 수도 있어서 매우 편리하다. 셀렉트 노트 상태에서 콘트롤 키를 누르고 있으면 애드 노트 툴로 바뀐다.

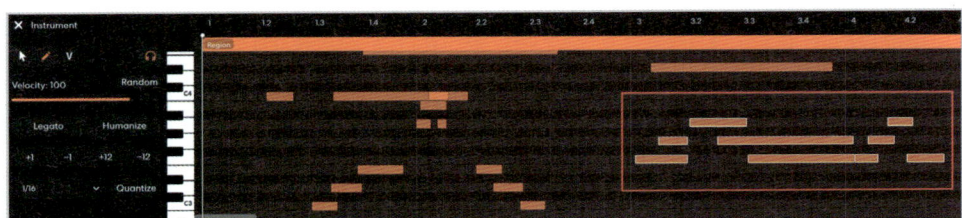

〈셀렉트 노트 툴을 이용한 다중 선택〉

## 4) 에디트 노트 벨로서티(Edit Note Velocity)

연필 툴 옆에 있는 에디트 노트 벨로서티(Edit Note Velocity)는 음의 강약을 설정하는 기능이다. 벨로서티라는 것은 소리가 크고 작은 음량을 말하는 것이 아니고 소리의 강약이다. 우리가 피아노를 칠 때도 건반을 강하게 치기도 하고 약하게 누르기도 한다. 노래를 부를 때도 강하게 부르기도 하고 약하게 부르기도 한다. 소리의 크고 작음과 강약은 다른 것이다. 물론 강하게 연주하면 소리가 커지기도 한다. 상상해보자. 수십 명이 아주 약하게 노래를 부르면 소리는 크지만 약하게 부르는 느낌이 난다. 반대로 혼자서 강하게 노래를 부르면 수십 명이 부르는 소리보다는 작지만 강하게 부르는 느낌이 난다. 이것이 음량(Volume)과는 다른, 소리의 강약(Velocity)이다. 벨로서티에 대해 이해를 했다면 사용해보자. 우선 에디트 노트 벨로서티를 선택하면 음 안에 심지처럼 흰 줄이 생긴다. 이때 원하는 음에 마우스 포인터 클릭한 후 위·아래로 드래그하면 흰 줄이 짧아지고 길어진다. 짧은 상태가 약한 음, 줄이 긴 상태가 강하게 연주되는 음이다. 물론 여러 개의 음을 한 번에 선택하여 바꾸는 것도 가능하다.

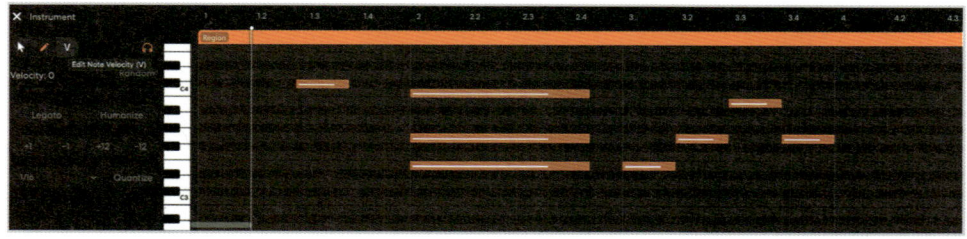

〈에디트 노트 벨로서티 툴 선택 시 화면〉

벨로서티를 바꾸고 싶다면 반드시 에디트 노트 벨로서티 툴을 선택해야만 하는 것은 아니다. 셀렉트 노트 툴 상황에서도 벨로서티를 바꾸고 싶은 음을 선택하고 빨간색 부분의 주황색 선을 좌우로 드래그하면 주황색 선 위의 숫자와 함께 벨로서티가 바뀌는 것을 볼 수 있다.

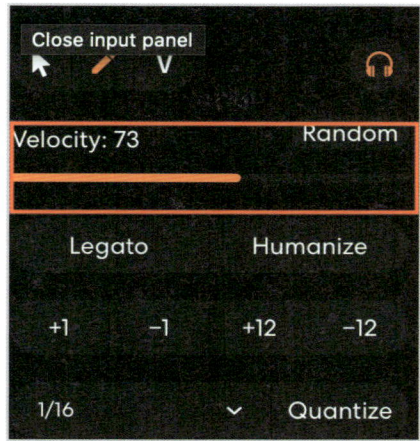

〈벨로서티 변경 메뉴〉

나머지 메뉴에 대해서도 살펴보자.

## 5) 레가토(Legato)

레가토(Legato)는 음과 음 사이를 연결해주는 기능이다. 아래 그림에서 빨간 원 안과 같이 음과 음 사이가 끊어져 있는 상황에서 레가토를 적용할 음을 선택 후 레가토를 클릭하여 주면 파란색 원 안에처럼 음과 다음 음이 연결되는 기능이다. 음들을 서로 부드럽게 연결해 주고 싶을 때 사용하면 된다.

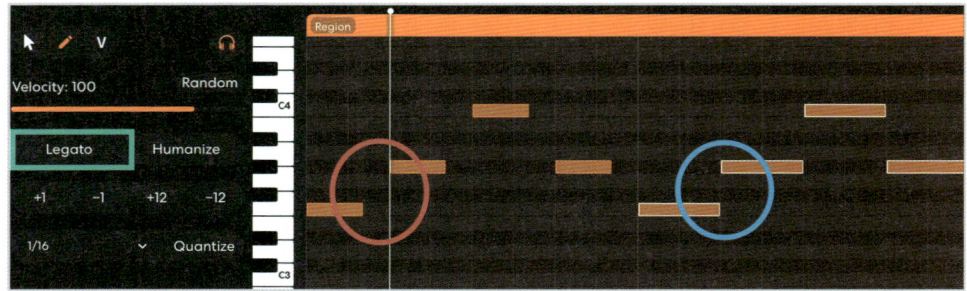

〈끊어진 음 간격과 이어진 음 간격〉

## 6) 휴머나이즈(Humanize)

휴머나이즈(Humanize)는 인위적으로 박자를 살짝 흩트려 놓는 기능이다. 모든 박자가 너무 정확할 때 우리는 기계적임을 느낀다. 그래서 살짝 시작점의 위치를 바꿈으로써 인간적인 느낌을 받게 하기 위한 기능이다. 아래 그림의 빨간색 부분과 같이 정확한 박자가 있는 부분을 선택한 후에 휴머나이즈를 클릭해주면 파란색 부분처럼 살짝 시작점이 바뀌게 되는 기능이다.

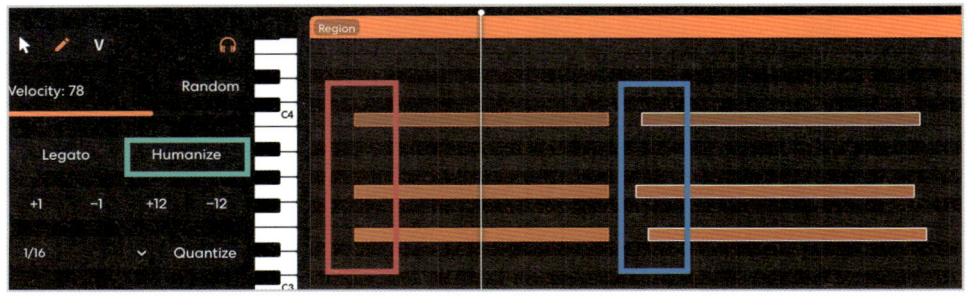

〈휴머나이즈를 이용한 시작 위치 변경〉

특히 여러 음이 동시에 울리는 상황에서 모든 박자가 너무 똑같으면 딱딱하게 느껴진다. 이럴 때 사용하면 좋다.

## 7) 음정 이동(Transpose)

음정 이동(Transpose)은 음정의 위치를 변화 시킬 때 사용하는 것이다. 음을 선택한 후 +1을 클릭하면 한 음씩 위로 높아지고 -1을 클릭할 때마다 한 음씩 아래로 낮아지는 방식이다. +12는 한 옥타브가 높아지고 -12를 클릭하면 한 옥타브가 낮아진다.

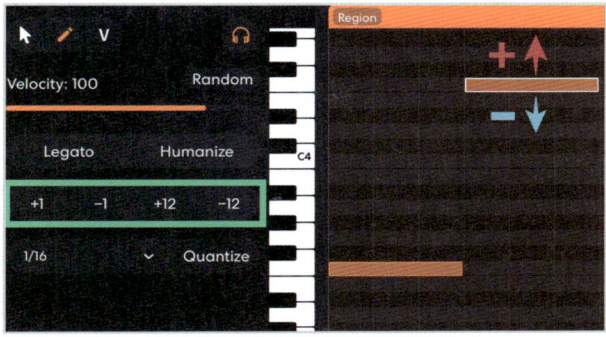
〈음정 위치 이동〉

음정 이동 기능을 이용하여도 되지만 마우스로 음을 선택 후 드래그나 키보드의 상(↑), 하(↓) 키를 사용하여도 음정이 이동 된다.

## 2. 퀀타이즈(Quantize)

퀀타이즈(Quantize)는 매우 중요한 기능이다. 휴머나이즈와 반대되는 개념의 기능으로 박자가 맞지 않는 음들을 정확한 박자로 맞춰주는 기능이다. 아래 그림처럼 박자의 위치를 알 수 있는 격자선인 그리드(Grid)에서 살짝 벗어나 있는 음들이 있다. 이러한 음들을 먼저 선택한 후 퀀타이즈를 클릭하면 그리드에 딱 맞게 이동되며 박자를 맞출 수 있게 된다.

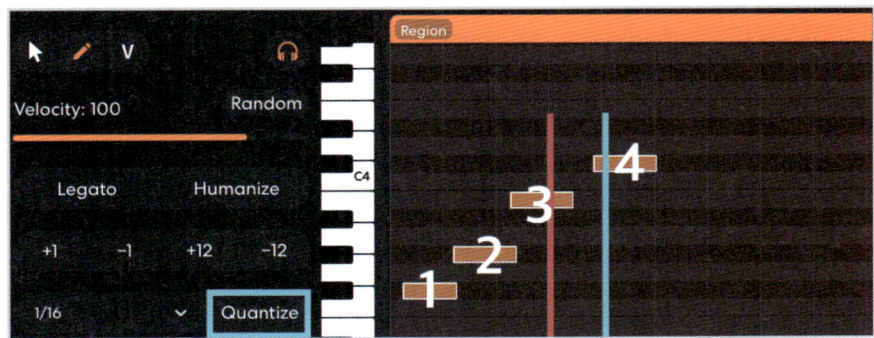
〈퀀타이즈 정렬 기준〉

1번음, 2번음, 3번음은 모두 음의 시작점 바로 앞에 있는 그리드에 맞춰질 것이다. 하지만 4번음은 앞쪽 빨간색 그리드가 아니고 시작점 약간 뒤쪽 파란색 그리드에 맞춰질 것이다. 퀀타이즈 기능은 음의 시작점과 가장 가까운 위치에 있는 그리드에 달라붙게 되어있기 때문이다.

어느 박자 기준의 그리드에 달라붙게 할 것이지는 퀀타이즈 버튼 옆 박자 부분을 클릭하면 된다. 클릭하면 원하는 박자로 설정하면 설정된 박자 기준으로 가장 가까운 그리드로 퀀타이즈 정렬이 될 것이다.

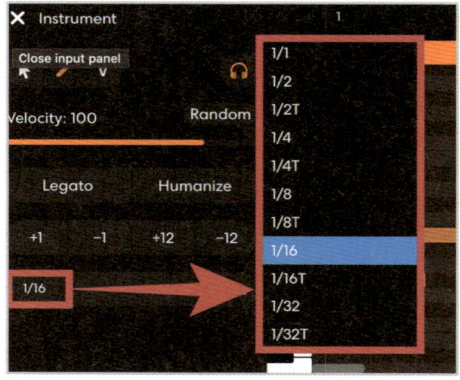

〈퀀타이즈 기준박자 설정〉

## 3. 셋잇단음표 설정하기

셋잇단음표를 입력하고 싶을 때는 퀀타이즈 기능을 사용하면 된다. 다음과 같이 음표 3개를 대충 1박자 안에 위치시킨 후에 퀀타이즈 박자 설정에서 1/8T를 설정하면 8분음표 3개로 이루어진 셋잇단음표를 만들 수 있다.

〈퀀타이즈 활용한 셋잇단음표 정렬〉

1/4T는 4분음표 3개를 2박자 안에서 사용하는 것이고 1/16T는 16분음표 3개를 반 박자(8분음표) 안에서 사용하는 셋잇단음표가 되는 방식이다.

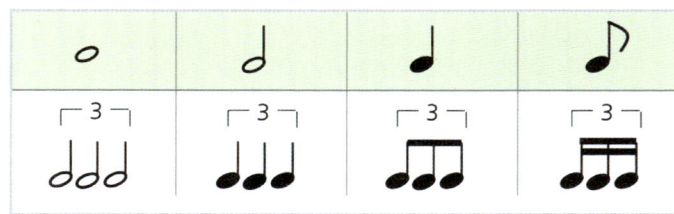

〈셋잇단음표의 길이〉

다시 한번 강조하지만, 퀀타이즈 기능은 굉장히 중요하니까 반드시 사용법을 완전히 숙지하자.

## 4. 스냅 투 그리드(Snap to Grid)와 트랙 확대·축소

퀀타이즈와 함께 많이 사용되는 기능이 스냅 투 그리드(Snap to Grid) 기능이다. 트랙에서 리전을 움직이며 정렬할 때나 미디 에디터에서 음을 정렬할 때 퀀타이즈의 기준이 되는 세로선인 그리드(Grid)에 달라붙게 하는 자석과 같은 기능이다. 이 기능이 켜져 있으면 리전이나 음이 그리드 근처에 가면 착 달라붙는다. 이 기능이 활성화되면 파란색으로 표시된다. 그리고 트랙의 확대 · 축소 기능도 돋보기 모양으로 있으니 필요할 때 사용하면 된다.

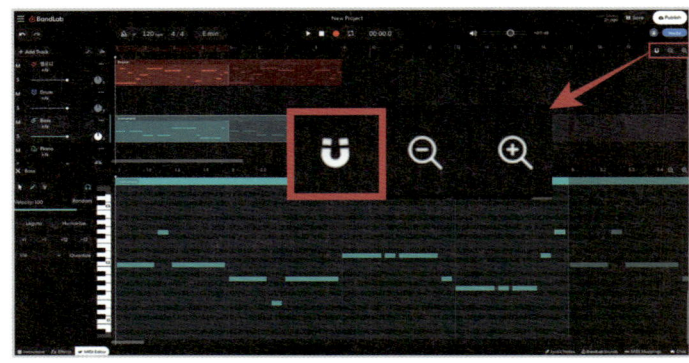

〈Snap to Grid와 트랙 줌 인 · 아웃〉

지금까지 미디 에디터의 주요 기능을 살펴보았다. 처음부터 미디 에디터를 이용하여 모든 음을 입력해도 좋다. 건반이 따로 없어서 컴퓨터의 키보드로 입력한다고 해도 사실 그리 편한 방법은 아니기에 그냥 미디 에디터를 사용하는 것이 속 편할 수도 있다. 자주 하다 보면 입력 속도도 빨라진다. 하지만 제일 좋은 방법은 건반을 입력하여 기본적으로 입력하고 미디 에디터에서 수정하는 것이 가장 좋은 방법이다. 자연스러운 연주자의 벨로서티와 박자감을 느낄 수 있기 때문이다. 그래서 거의 모든 전문 음악가는 이러한 방법 작업 방법을 이용한다.

미디 에디터의 사용은 컴퓨터음악을 하는 사람이라면 기본이 되어야한다. 익숙해지기 위해서는 자신의 곡이 있다면 좋겠지만 그렇지 않은 경우라면 악보를 구해서 원하는 소리로 만들기 위하여 반복하여 입력하는 것을 꾸준히 연습하기를 추천한다.

# 08 모티브(Motive)

## 1. 모티브의 특징을 살려주는 중요요소

멜로디를 만들기 위해서는 모티브(Motive)의 활용이 중요하다. 모티브란 음악을 구성하는 최소한의 단위를 뜻한다. 결국 음악이란 모티브를 활용하고 점점 발전시켜서 곡을 완성 시키는 과정이다. 만약에 모티브가 없다면 전체적인 일관성이나 통일성이 없기 때문에 음악이 너무 어려워지고 기억하기 힘들어진다. 누군가와 대화하는데 주제가 없다면 대화의 내용을 기억하기가 힘든 것과 마찬가지이다. 그래서 음악에서는 모티브가 무척 중요하며 모티브를 이용하여 멜로디를 만들 수도 있지만 반대로 멜로디에서 모티브를 찾아서 활용할 수도 있다. 그래서 모티브를 만들 때는 선율적인 특징이나 리듬적인 특징이 충분히 있는 것이 좋다.

- 리듬 : 반복적인 리듬
- 방향 : 멜로디의 방향
- 화음 : 동일한 화음 진행
- 음정 : 동일한 음과 음 사이의 간격

## 2. 모티브 내의 도약진행과 순차진행

모티브는 도약진행과 순차진행을 잘 활용하는 것이 좋다.

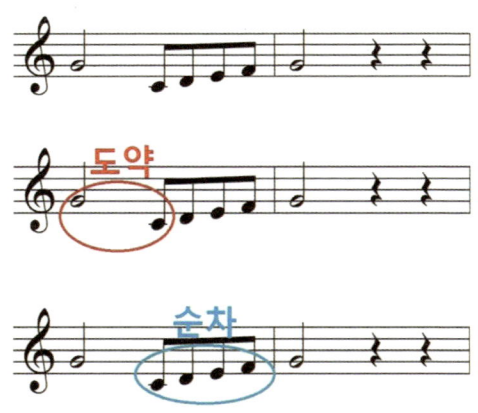

〈모티브 내 도약진행과 순차진행 포인트〉

반복적인 도약진행이나 반복적인 순차진행을 만든다면 쉽게 좋은 멜로디를 만들 수 있다. 하지만 반드시 마디 그대로 반복해서 사용하지 않아도 된다. 1마디나 2마디의 짧은 멜로디 안에도 특정 부분만 모티브의 요소로 활용할 수 있다.

〈모티브 요소〉

## 3. 리듬의 확장과 축소

반복한다고 꼭 똑같이 할 필요는 없다. 비슷하게 만들어도 모티브의 활용으로 볼 수 있기 때문이다. 약간의 음정 간격이 달라지거나 리듬이 달라져도 음악 내에서 통일성과 일관성을 찾을 수 있기 때문이다. 비슷한 리듬으로 만들거나 살짝 변형하거나 리듬의 길이를 더하여도 상관이 없다. 리듬의 확장은 기존 리듬에 새로운 리듬을 추가하거나 기본 리듬보다 더 길게 만드는 것이다.

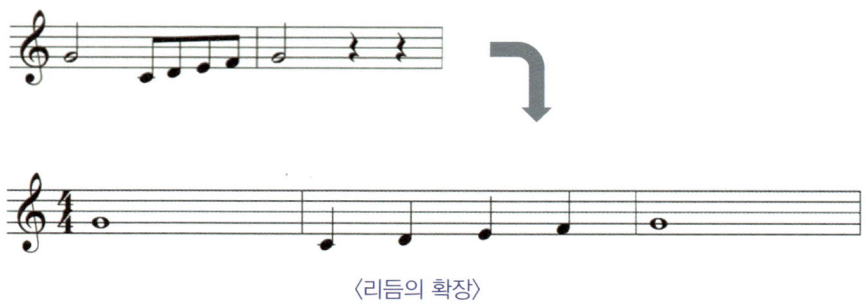

〈리듬의 확장〉

리듬의 축소는 기존 리듬의 길이보다 짧게 만드는 것이다.

〈리듬의 축소〉

또 많이 사용하는 방식은 반진행과 역진행을 사용하는 것이다. 반진행은 멜로디의 진행 방향을 바꿔주는 것이고 역진행은 거울에 비춘 것처럼 완전히 반대되게 해주는 것이다.

〈반진행과 역진행〉

작곡이 익숙하지 않은 상태에서는 모티브 반복을 위하여 좋은 모티브를 만들려고 하여도 쉽지 않을 것이다. 단조롭거나 또는 반대로 너무 복잡하고 난해한 모티브를 만들지 않기 위한 방법을 알아보자.

첫 번째로는 주요 음을 잘 만들어주는 것이다. 주요 음은 사람 몸의 뼈처럼 곡의 기본 골격이 되는 음이다. 보통 코드 구성음을 이용하여 구성된다. 예를 들어 '미레도미' 라는 음으로 모티브를 만든다고 생각해보자. '미레도미'에서 사용되는 음은 도, 레, 미로 구성되어 있으며 단 3개의 음일 뿐이다. 너무 간단하고 심심하다고 생각할 수 있다. 하지만 주요 음은 복잡하지 않다. 간단하며 명료하게 설정하고 그 음들을 꾸며주는 것이 좋다. 주요 음이 확실하지 못하면 멜로디 라인을 기억하기가 쉽지 않기 때문이다. 주요 음을 만드는 방법과 그 음들을 꾸며주기 위한 방법을 알아보자. 그리고 멜로디를 꾸며주는 방법을 더 다양하게 알기 위하여 간단하게 코드의 개념도 알아보자.

# 09 코드(Chord)

## 1. 코드의 개념

화음 또는 코드는 높이가 다른 2개 이상의 음이 동시에 울렸을 때의 합성을 뜻하며 일반적으로 3도씩 쌓아 올려서 만들어진다.

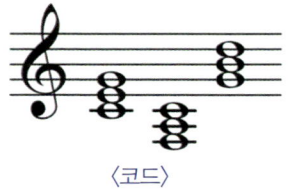

〈코드〉

3개의 화음으로 만들어진 코드는 3화음(Triad)이라고 한다. 맨 밑에 있는 음부터 근음(Root), 3음(3rd), 5음(5th)라고 한다. 예를 들어 C음 위에 쌓아올려진 코드를 C코드라고 하면 C음 위에 3도씩 쌓아 올린 코드로 구성은 도(C), 미(E), 솔(G)이 되며 근음은 도, 3음은 미, 5음은 솔이다.

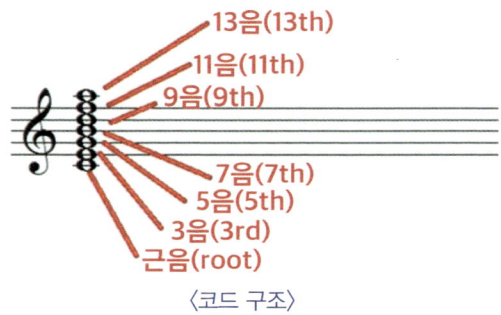

〈코드 구조〉

밑음부터 3도씩 쌓아올리면 처음의 음으로 돌아오기 전까지 13음이 나오게 되며 5음까지 사용한 코드를 3화음, 7음까지 사용한 코드는 7화음, 9, 11, 13음은 텐션(Tension)이라고 부르며 코드와 함께 사용하는 음들이다. 당장 모든 코드를 다 배우기에는 시간도 걸리고 쉽지 않다. 그래서 우리는 당분간 C Key에서 나오는 코드들만 사용하기로 하자. C Key라는 것은 C음을 기본음으로 하여 시작 되는 음계(Scale)이며 도(C), 레(D), 미(E), 파(F), 솔(G), 라(A), 시(B), 도(C)로 구성되어 있다. 이 음계 위로 코드를 구성하면 다음과 같은 코드들이 생성된다. 작곡이라는 것은 기본적으로 코드의 음들을 활용하여 멜로디를 만드는 것이다.

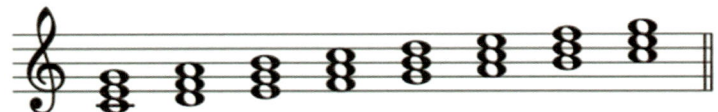

〈다이아토닉 코드 생성 방법〉

## 2. 다이아토닉 코드(Diatonic Chord)

다이아토닉 코드는 어떠한 키에서 나오는 음계(Scale)의 음들 위에 임시표를 사용하지 않고 쌓아 올린 코드를 말한다. 코드 이름과 함께 기능도 부여하여 작곡을 할 때는 그 기능에 맞게 사용하는데 코드의 기능은 로마숫자로 표기한다. I, II, III, IV, V, VI, VII의 로마숫자에다가 메이저 코드(Major Chord, 장화음)와 마이너 코드(minor, 단화음)의 성질을 같이 표기한다. 모든 장조 키에서 나오는 다이아토닉 코드에서 I도, IV도, V도는 메이저 코드이고 IIm, IIIm, VIm는 마이너 코드이다. VII코드는 디미니시(Diminish) 코드이다. 모든 장조 키(Key, 조표)에서는 시작음은 다르지만 I, IIm, IIIm, IV, V, VIm, VIIdim의 똑같은 순서로 코드가 생성된다.

〈다이아토닉 코드 기능〉

메이저 코드일 때는 알파벳 옆에 특별히 추가해서 쓰지는 않지만 마이너 코드일 때는 메이저 코드와 구분하기 위하여 알파벳 또는 로마숫자에다가 '소문자m' 또는 '-' 표시를 추가하여 사용한다. 디미니시 코드는 코드와 함께 'dim'나 오른쪽 위쪽에 작은 원을 표기한다. 다이아토닉 코드는 구구단처럼 무조건 외워야 한다. 지금 외워보자. 1도 메이저, 2도 마이너, 3도 마이너, 4도 메이저, 5도 메이저, 6도 마이너, 7도 디미니시! 다 외웠다면 C 키에서 나오는 다이아토닉도 외워보자. C 메이저, D 마이너, E 마이너, F 메이저, G 메이저, A 마이너, B 디미니시!

## 3. 코드 구성음을 활용하여 멜로디를 꾸며주는 방식

### 1) 경과음(Passing tone)

경과음은 서로 높이가 다른 음들을 연결하는 주는 것이며 순차적인 진행을 유도하는 음이다. 일반적으로 코드음과 코드음을 연결해주는데 코드에 대한 개념과 사용법은 다시 다루도록 하겠다. 아래 그림을 보면 도, 미, 솔로 구성되어 있는 음들 사이에 사용되고 있는 음들이 경과음이다. 도약진행으로 구성되어 있는 음들 사이에 들어가면서 음들이 순차적으로 연결되게 해주는 기능을 하는 것이 경과음이다.

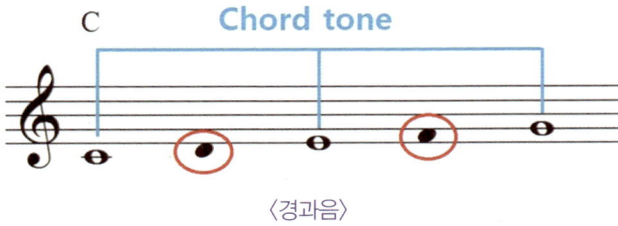

〈경과음〉

검은 건반과 같은 반음도 경과음에 사용할 수 있다. 반음계적 경과음(Chromatic passing tone)이라고 하는데 작곡이 익숙하지 않다면 반음은 사용하지 말 것을 추천한다. 초보자들이 반음(검은 건반)을 이용하여 좋은 멜로디를 만드는 것은 쉽지 않은 일이다. 흰 건반만 사용하고 검은 건반의 사용은 되도록 자제하자.

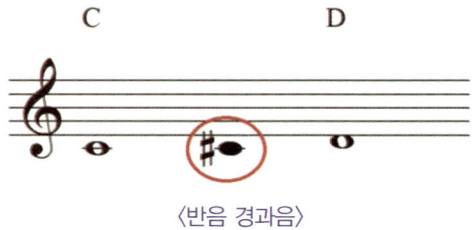

<반음 경과음>

아래 그림의 솔과 도와 같은 4도 음정 간격에서 연결해주고 있는 경과음의 사용법도 가능하다.

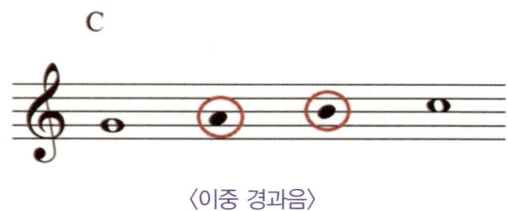

<이중 경과음>

물론 아래와 같이 반음을 사용한 연속적인 반음의 순차 진행도 가능하다.

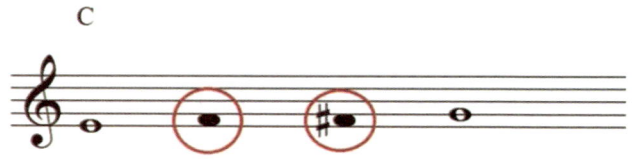

<연속적 반음의 순차 진행>

## 2) 보조음(Auxiliary tone)

보조음은 높이가 똑같은 음 사이에서 위나 아래 방향으로 움직이는 말한다.

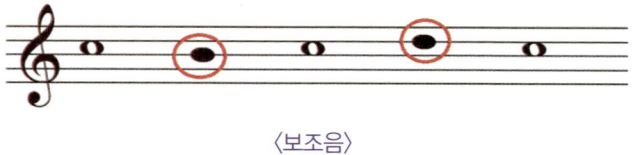

<보조음>

만약에 위나 아래의 음들이 둘 다 온음이라면 위쪽으로 움직이는 것도 좋고 반음이라면 아래쪽으로 움직이는 것이 훨씬 더 음악적일 수도 있다.

〈반음 보조음〉

어느 한쪽으로만 움직이는 것이 아니고 위,아래 동시에 사용할 수도 있는데 이런 경우는 변이음이라고 한다.

〈변이음〉

변이음의 경우에는 반음진행도 사용할 수 있다.

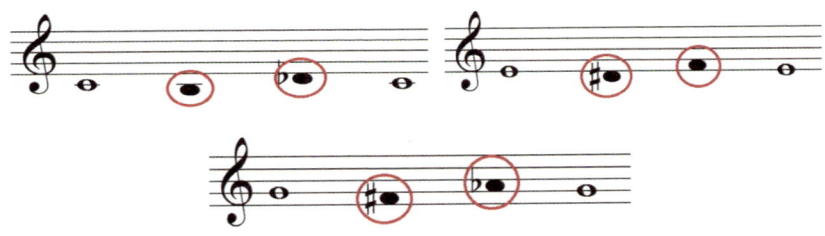

〈반음을 이용한 위아래 변이음〉

코드톤을 활용하고 경과음과 보조음으로 주요 음을 구성한 후에 이미 사용된 음 중 같은 음을 분할하여 반복사용 형태를 만들면 쉽게 멜로디 라인을 만들 수 있다.

## 3) 계류음(Suspension)

계류음은 코드가 바뀐 후에도 앞의 코드음을 그대로 유지하고 있는 것을 뜻한다. 앞서 말했듯이 주요 음은 일반적으로는 코드톤을 사용하며 코드가 바뀌면 주요음도 바뀐 코드에 맞춰 사용되거나 주요 음에 맞춰서 코드를 새로 구성한다. 아래 그림에서 볼 수 있듯이 빨간색 부분의 음은 Dm7 코드의 구성음(레, 파, 라, 도)이며 Am7 코드(라, 도, 미 , 솔)에는 없는 음이다. 즉, 앞마디의 코드음이 마디가 바뀌어도 유지 되다가 뒷마디의 코드음으로 연결이 되는 과정이 계류음을 사용하는 방법이다. 앞마디부터 유지되는 음을 예비음이라고 하고 뒷마디에서 코드톤으로 연결되는 음을 해결음(파란색 원안의 음)이라고 한다. 계류음은 반드시 코드톤의 음으로 해결해 주어야 한다.

〈계류음〉

그리고 코드 활용에 대해서는 뒷부분에서 더 배우겠지만 Sus4코드도 계류음 사용법과 유사한 용법으로 볼 수 있다. Sus4 코드는 일반적인 코드들과 다르게 3음이 없고 4음이 있는 형태의 코드이다. 3음이 없기 때문에 코드의 느낌이 명확하지 않고 모호한 느낌을 준다.

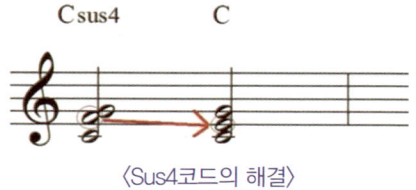
〈Sus4코드의 해결〉

위의 그림과 같은 형태로 많이 사용하기도 하지만 Sus4코드를 그냥 독립적으로 사용하여도 상관없다.

## 4) 선행음(Anticipation)

선행음은 뒷마디에서 사용되는 코드톤의 음을 미리 가져와 사용하는 것을 말한다. 아래 그림의 기본상태를 보면 1마디의 두 번째 코드인 Em(미, 솔, 시)에는 없는 음이지만 2마디에서 사용되는 코드인 Dm(레, 파 , 라)에서 사용되는 음을 미리 선행하여 사용하는 것을 볼 수 있다. 이렇게 뒷코드의 음을 미리 가져와서 사용하는 것을 선행음이라고 한다. 손쉽게 사용할 수 있으며 음악적 효과도 아주 좋다.

〈선행음 사용의 예〉

## 5) 전타음(Appoggiatura)

전타음은 주요 음으로 사용할 코드톤 앞에서 코드톤이 아닌 음을 이용하여 꾸며주는 것을 말하며 앞꾸밈음이라고도 한다.

〈전타음〉

사용법은 무척 간단하다. 아래 그림의 1마디는 Dm7(레, 파, 라, 도)의 코드톤인 '파'와 '도'를 주요 음으로 잡은 후 '파' 앞에서 코드톤이 아닌 음인 '미'로 꾸며주었다. 2마디는 Am7(라, 도, 미, 솔)의 코드톤인 '도'를 주요 음으로 잡은 후 '시'를 이용하여 앞에서 꾸며주었다.

〈전타음 사용의 예〉

## 6) 이탈음(Escape tone)

이탈음은 잠시 코드톤에서 이탈하였다가 도약 진행을 하면서 코드톤으로 돌아가는 음을 말한다.

〈이탈음〉

아래 그림에서 1마디의 주요음은 C코드(도, 미, 솔)의 '미'와 G코드(솔, 시, 레)의 '레'로 만들어져 있다. '미'와 '레' 사이의 '파'는 C코드의 음이 아니다. C코드의 음에서 잠시 벗어난 음을 사용한 후 도약이라는 과정을 거쳐서 다음 코드톤으로 해결되는 방식이다. 2마디 역시 C코드의 '도'와 '시' 사이에서 C코드에는 없는 '라'음을 사용하여 G코드의 음과 연결하여 주고 있다. 1마디와 2마디를 자세하게 살펴보면 순차진행하여 이탈한 후 도약하며 해결하는 것과 도약진행하여 이탈한 후 순차진행하여 해결하는 것에서 차이가 난다.

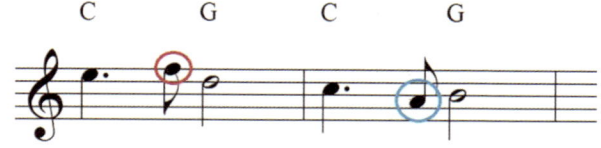

〈순차진행 후 도약 해결과 도약진행 후 순차 해결〉

### 4. 멜로디에 코드 붙이기

일반적으로 멜로디를 만들 때는 코드를 이용하여 만들기도 하지만 멜로디를 먼저 만든 후 코드를 붙이는 방법도 많이 사용한다. 그럼 멜로디에 코드를 붙이는 방법을 알아보자. 처음부터 모든 코드를 사용할 필요는 없다. 메이저 코드인 I도, IV도, V도만을 사용하면 된다. 코드를 사용하는 가장 기초적인 방법은 멜로디에서 많이 나오는 음을 가진 코드를 사용하는 것이다. C 키에서 나오는 메이저코드는 C, F, G이다. 한마디에 코드를 1개 사용해도 되고 2개 이상 사용해도 된다. 빠른 진행감을 가지고 싶을 때는 코드를 마디 내에서 자주 바꾸어 사용하면 된다. 코드를 붙이는 연습을 하기 위하여 기존에 있는 곡을 활용해 보자. 간단한 형태의 동요나 찬송가를 이용해 연습해 보는 것도 좋다. 각 코드의 구성음은 C(도, 미, 솔), F(파, 라, 도), G(솔, 시, 레)이다.

<코드 적용의 예>

위의 그림을 보면서 코드 활용법을 살펴보자.

① 1마디는 '솔'과 '미'가 주요 음으로 느껴지기에 C코드, 2마디는 '라'와 '솔'이 주요 음이기에 F코드와 C코드를 사용했다.
② 2마디의 '솔'이 나오는 부분은 C코드, G코드 모두 가능하기에 선택사항이기는 하지만 3마디가 C코드가 어울렸고 1마디, 2마디, 3마디를 연결하여 C코드와 G코드 둘 다 사용해보니 C코드가 더 어울리는 것 같아서 C코드로 정하였다.
③ 4마디는 '레'이기 때문에 G코드
④ 5마디는 '미'와 '레'가 주요 음이라서 C코드와 G코드를 사용

⑤ 6마디는 한마디를 모두 F코드로 할 수도 있었지만 C코드, F코드가 사용하는 것이 더 잘 어울렸다.
⑥ 7마디는 주요 음이 '솔'과 '미' 같아서 C코드로 할 수도 있었지만 8마디가 C코드였고 7마디를 G코드로 사용했을 때가 가장 자연스럽게 느껴졌다.

반드시 저자와 똑같이 코드를 사용할 필요는 없다. 다른 코드를 붙였을 때 더 좋게 느껴진다면 그렇게 사용하면 된다. 음악에는 정답이 없기 때문이다. 하지만 사람들이 많이 사용하는 패턴이 있기는 하다.

- C코드 다음에는 F코드, G코드 둘 다 사용이 가능하다.
- F코드 다음에는 C코드, G코드 둘 다 사용이 가능하다.
- G코드 다음에는 C코드로 연결해 주는 것이 일반적이다. G코드는 C코드로 진행하려는 음악적 성질이 있기 때문이다. 하지만 간혹 F코드로 연결하여 사용하기도 한다.

지금 드럼 머신을 이용하여 비트를 만들어보자. 그리고 한마디에 코드를 1개씩만 사용해보자. 물론 사용할 수 있는 코드는 C, F, G이다. 예제로 몇 가지 코드를 제시한다.

- C-F-G-C
- F-G-C-C
- F-C-G-C
- C-F-C-G
- C-C-F-G
- G-C-F-C

마음에 드는 코드 패턴을 정하였다면 멜로디를 만들어보자. 주요 음을 정한 뒤 앞에서 배웠던 경과음, 보조음, 계류음, 선행음, 전타음, 이탈음을 이용하면 된다. 복잡하지 않으면서도 너무 단순하지도 않은 멜로디를 만든다면 성공한 것이다.

# 10 다이아토닉 코드의 구조

메이저 코드인 C, F, G와 함께 더 다양한 코드를 사용하는 방법도 살펴보자. 앞에서 배웠던 다이아토닉 코드는 I, IIm, IIIm, IV, V, VIm, VIIdim로 구성되어 있다.

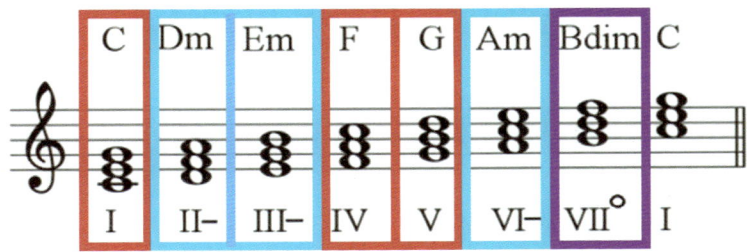

〈다이아토닉 코드의 기능〉

아래 정리된 표처럼 I, IV, V,의 메이저 코드들을 제외한 나머지 코드들은 IIm, IIIm, VIm의 마이너 코드들과 VIIdim 코드이다. 디미니시 코드는 특별하게 디미니시 코드 용법이 따로 사용된다.

| Major | I, IV, V |
|---|---|
| minor | IIm, IIIm, VIm |
| Diminish | VII° |

〈다이아토닉 코드 기능 정리〉

## 1. 다이아토닉 코드의 기능

메이저 코드는 명확한 코드의 느낌을 준다. 느낌이라는 것은 주관적인 요소이기는 하지만 메이저 코드들만으로 곡을 만들면 강하거나 간결한 느낌을 주기도 한다. 동요, 찬송가, 교가와 같은 음악들에서 사용되기도 하며 록(Rock) 음악과 같은 장르에서 자주 사용된다.

I도(Tonic Chord)
- 음악에서 조를 대표하고 조성을 결정하는 중요한 코드이다.
- 어떠한 코드로나 진행이 가능하다.
- 안정감을 주는 코드이기에 곡의 중간은 물론이고 곡의 시작 부분이나 마침 부분에서 자주 사용한다.

IV도(Sub Dominant Chord)
- 약간의 불안정감을 주는 코드이다.
- I도나 V도로 진행이 가능하다.
- 약간의 불안정감을 준다는 것은 더 큰 불안정감이 나올 수도 있다는 뜻이기에 진행감을 주는 코드이기도 하다.

V도(Dominant)
- 긴장이나 불안정감을 주는 코드이다.
- 대부분 I도로만 진행이 가능하다.
- 곡이 끝날 것 같은 마침의 느낌. 즉, 종지감을 줄 수 있다.

## 2. 코드의 진행원리

영화, 드라마, 애니메이션, 소설, 음악 등 모든 대중문화에서 처음부터 편안함만 주거나 긴장감만을 계속 준다면 좋지 않을 것이다. 그래서 긴장과 이완이라는 요소가 필요하며 음악에서는 이러한 긴장과 이완을 이용하여 음악을 진행시키는 것이다. 즉, 안정->약간 불안정->매우 불안정->안정의 단계이다.

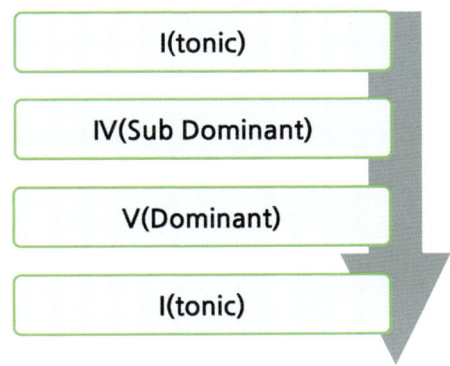

〈코드의 진행 원리〉

하지만 계속 I-IV-V-I의 순서로만 코드를 사용하는 것보다는 다양한 긴장과 이완을 만들기 위하여 I-V-I, I-IV-I, I-IV-V-I을 적절하게 사용하여 음악을 만드는 것이다.

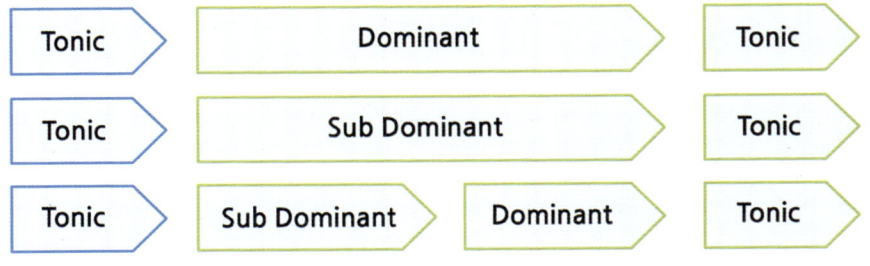

〈코드 진행의 여러 방식〉

메이저 코드들만 사용하는 경우와 반대로 마이너 코드들은 부드러운 느낌을 줄 수 있다. 하지만 마이너 코드들만 이용하여 음악을 만들면 자칫 흐릿한 느낌의 곡이 될 수도 있다. 마이너 코드들 위주나 마이너 코드가 많이 사용된 음악들은 감미로운 느낌이나 부드러운 느낌을 주는 발라드, 소울, R&B와 같은 음악에서 자주 사용된다. 그래서 대부분의 음악에서는 메이저 코드나 마이너 코드들만 사용하지 않고 메이저와 마이너 코드를 적절하게 병행하여 사용하며 대리코드의 기능으로 마이너 코드들을 사용한다.

## 3. 대리 코드

마이너 코드를 사용하는 방법은 대리 코드로 사용하는 것이다.

대리 코드는 메이저 코드를 대신하여 마이너 코드를 사용하는 방법을 말한다. 클래식 음악에서 사용하는 전통화성학과 대중음악에서 사용하는 화성학에서는 대리 코드의 사용법이 조금 다르다. 여기서는 대중음악에서 사용하는 대리 코드의 용법으로 설명한다. I도의 대리 코드는 IIIm와 VIm이다. IV의 대리 코드는 IIm이며 V도의 대리 코드는 없다.

> I(Tonic chord)의 대리 코드 = IIIm, VIm
>
> IV(Sub Dominant chord)의 대리 코드 = IIm
>
> V(Dominant chord)의 대리 코드 = 없음

〈대리 코드 종류〉

아래 그림과 같이 I도의 대리 코드가 IIIm와 VIm로 사용될 수 있는 이유는 코드 구성음이 가장 많이 중복되기 때문이다. 마찬가지 이유로 IV의 대리 코드는 IIm가 되는 것이다.

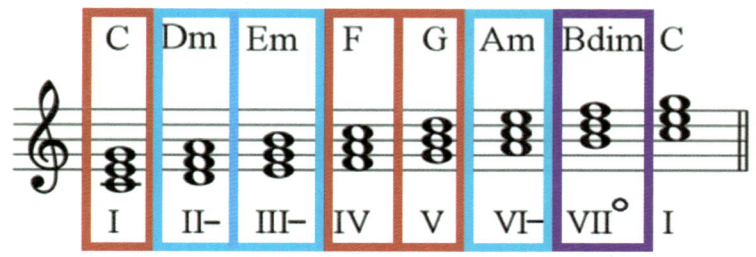

〈주코드와 대리코드의 공통음〉

다른 음악가나 서적에서는 V의 대리 코드를 VIIdim라고 하는 경우도 있다. 하지만 V도는 도미넌트(Dominant)코드이기 때문에 디미니시 코드하고는 다르다고 본다. 화성학적으로 도미넌트 코드 용법과 디미니시 코드는 용법이 다르기 때문이다.

## 1) I도 대리 코드 사용방법

대리 코드의 사용방법은 주 코드를 대신하여 대리 코드를 사용하거나 주 코드와 대리 코드의 혼용사용이다. 특히 I도의 대리 코드는 2개이기 때문에 대리 코드 2개를 혼용하여 사용할 수도 있기에 아래 도표에서 볼 수 있는 것처럼 1번부터 9번의 경우가 나온다.

| | | |
|---|---|---|
| 1 | I | |
| 2 | IIIm | |
| 3 | VIm | |
| 4 | I | IIIm |
| 5 | I | VIm |
| 6 | IIIm | VIm |
| 7 | VIm | IIIm |
| 8 | IIIm | I |
| 9 | VIm | I |

8, 9번은 잘 쓰이지 않음

〈I도 대리 코드 사용 방법〉

하지만 8, 9번의 코드 사용은 별로 사용되지 않는다. 주 코드와 대리 코드의 혼용사용시 주 코드가 앞쪽, 대리 코드는 뒤쪽에 위치하여 사용하지만, 대리 코드가 앞쪽, 주 코드를 뒤쪽으로 위치하게는 잘 사용하지 않는다. 코드가 가진 강약의 리듬이 깨지기 때문이다.

주 코드의 위치에 대리 코드를 대체하는 방법을 살펴보자.

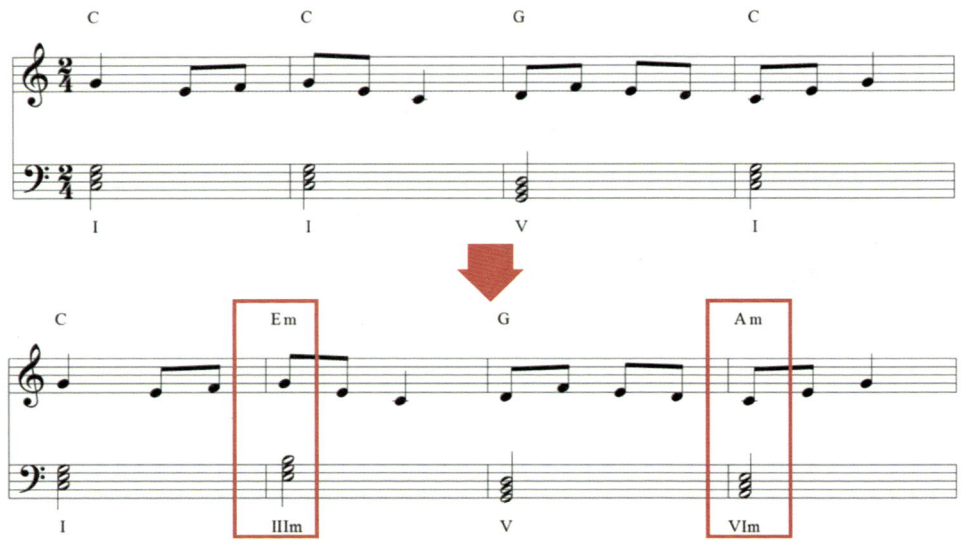

〈주 코드 위치에 대리 코드 대체 방법〉

다음은 주 코드와 대리 코드를 혼용하여 사용하는 방법이다. 아래 악보와 같이 1마디에 코드가 1개 들어가 있다는 것은 사실 1마디 내에 같은 코드가 2번 이상 사용되고 있다는 것과 동일한 것이다. 코드가 바뀌지 않지 않기 때문에 편의상 보기 좋게 한번만 표기할 뿐이다.

〈동일 코드의 연속〉

그래서 아래 악보의 빨간색 부분처럼 주 코드 대신하여 대리 코드를 사용하거나 파란색 부분처럼 대리코드만을 이용하여 사용할 수도 있다.

〈주 코드 대체와 대리 코드의 연속 사용〉

## 2) IV도 대리 코드 사용방법

IV의 대리 코드 사용방법도 I도 사용법과 다르지 않으며 4번의 경우는 잘 사용되지 않는다.

| 1 | IV | |
|---|----|----|
| 2 | IIm | |
| 3 | IV | IIm |
| 4 | IIm | IV |

4번은 잘 쓰이지 않음

〈IV도 대리 코드 사용방법〉

IV의 대리 코드를 적용한 악보도 살펴보자. 빨간색 부분은 주 코드 대신에 IV도의 대리 코드인 IIm로 대체했으며 파란색 부분은 주 코드와 대리 코드를 혼용하여 사용하였다.

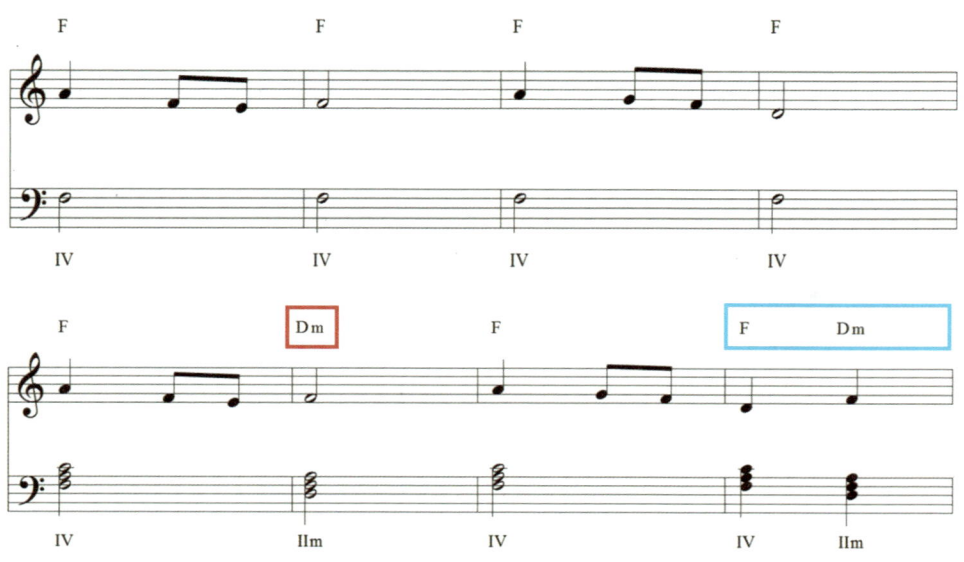

〈주 코드 대체와 주 코드 & 대리 코드의 혼용 사용〉

## 4. IIm-V용법

더욱 많은 코드 활용법이 있지만 마지막으로 IIm-V 진행을 알아보자. 투-파이브라고 말하는 코드 용법은 대중음악에서 정말 많이 사용된다. 여러 가지 이유와 장점으로 인하여 사용 빈도가 무척 높으며 IIm-V 용법을 쉽게 설명하면 주 코드가 있던 자리에 대리 코드를 사용할 수 있었던 것처럼 V도가 나오는 자리에는 몇 번이고 IIm-V 진행을 사용할 수 있다는 뜻이다. 주의할 점은 여기서 사용되는 IIm는 IV의 대리 코드 사용이 아니다. V도 대신에 IIm-V를 세트로 사용하는 것이라고 이해하면 된다.

그럼 실제적으로 멜로디에 적용하여 연습해 보자. 코드 붙이는 연습을 하였던 동요 멜로디에 대리 코드를 이용하는 방법을 살펴보기 위하여 다시 주 코드인 메이저 코드들로만 코드를 구성한다.

〈주 코드 붙이기〉

그 후에 주 코드 대신하여 대리 코드로 바꿔주거나 대리 코드와 혼용하여 코드를 구성하여 주면 된다. 그리고 IIm-V(투-파이브)도 해보자.

〈대리 코드 및 IIm-V(투-파이브) 적용〉

위 악보를 분석해보자.

① 1마디는 주코드인 C코드와 대리 코드 Em의 혼용.
② 2마디는 F코드의 대리 코드 Dm로 대체.
③ 3마디도 C코드와 대리 코드인 Am의 혼용.
④ 6마디는 C코드 대신에 대리 코드인 Am로 대체.
⑤ 7마디는 G코드의 투- 파이브를 하기 위하여 Dm- G로 사용.

지금 한 것처럼 대리 코드와 투-파이브를 사용하는 것이 점점 익숙해진다면 처음부터 주 코드와 대리 코드, 투-파이브를 함께 사용하면 된다. 하지만 대리 코드 및 투-파이브를 사용할 때 주의할 점은 반드시 코드와 멜로디의 음이 잘 어울려야 한다는 것을 잊지 말자. 추가로 전에 해봤던 코드 패턴을 대리 코드를 이용하여 바꿔보자. 제시 되었던 예제에서 대리 코드를 활용하여 다시 제시해본다.

- C-F-G-C → C-F-G-Am
- F-G-C-C → F-G-C-Em
- F-C-G-C → F-C-G-Am
- C-F-C-G → Em-F-Am-G
- C-C-F-G → C-Am-F-G
- G-C-F-C → G-Am-F-Em

# 11 모티브 활용법

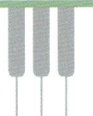

가요, 영화음악, 대중음악, 클래식음악, 연주곡 등 모두 모티브를 잘 활용해야 좋은 음악이 나온다. 어떤 곡이라도 상관없다. 가지고 있는 악보나 인터넷에서 악보를 찾아보면 결국 모티브를 이용하여 음악을 만들었다는 것을 알게 될 것이다. 지금까지 멜로디를 잘 만들기 위한 여러 가지를 배웠다. 마지막으로 모티브의 반복을 이용하여 8마디를 만드는 방법도 알아보자.

| 2 + 2 + 2 + 2 형태 | 8마디 형태 |
| --- | --- |
| 4 + 4마디 형태 | 혼합 형태(1 + 1 + 2 + 1 + 1 + 2) |

〈모티브 반복의 여러 형태〉

## 1. 2마디 반복 형태

2마디를 반복 단위로 활용하여 8마디를 만드는 방법은 여러 가지가 있다.

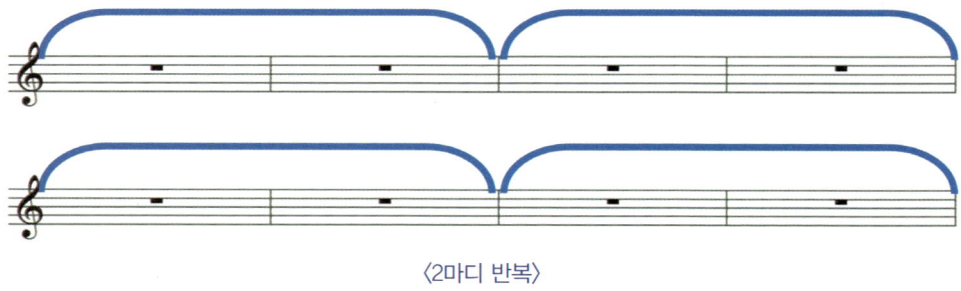

〈2마디 반복〉

1) 완벽하게 똑같은 2마디 단위를 반복하면 조금 단조로운 형태가 될 것이다. 그래서 a라는 형태와 거의 비슷하게 만든 a'라는 요소를 활용하여 8마디를 만들 수 있다.

〈a+a'+a+a'의 형태〉

2) a와 완전히 다른 형태인 b의 요소를 만들어 활용할 수도 있다.

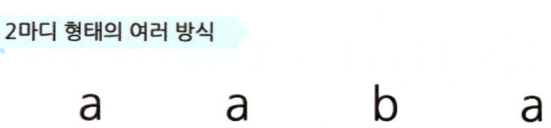

⟨a+a+b+a의 형태⟩

3) a'와 마찬가지로 b도 b'로 변형하여 사용할 수도 있다.

⟨a+b+a+b'의 형태⟩

4) a나 b와 완전히 다른 c의 형태를 만들어 8마디를 만들 수도 있다.

⟨a+b+a+c의 형태⟩

모두 자주 사용되는 반복 형태이다. 특히 a+b+a+c도 많이 사용한다.

## 2. 4마디 반복형태

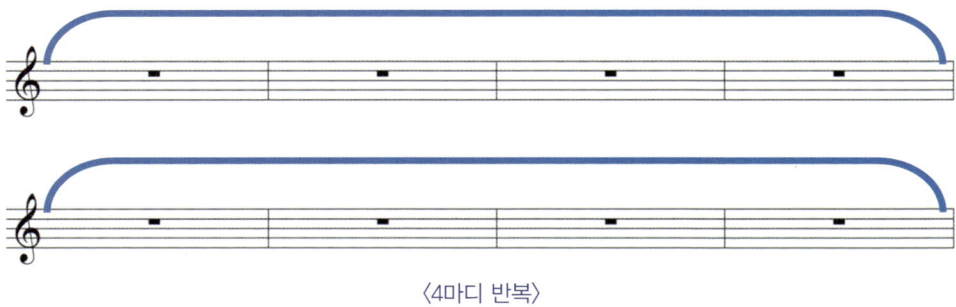

〈4마디 반복〉

(1) 일반적으로 많이 사용하는 형태이다. 2마디 반복형태 중 a+b+a+c의 형태와 비슷하다고 볼 수 있으나 a(4마디)+b(4마디) 형태와 a+b+a+c 형태의 차이점은 코드에서 차이가 난다. a+b+a+c는 b부분과 c부분이, 코드가 다르게 구성된다.

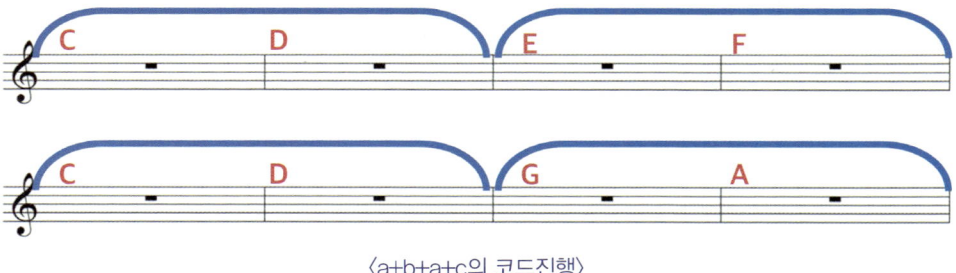

〈a+b+a+c의 코드진행〉

(2) 멜로디만 놓고 봤을 때는 a+b+a+c나 a(4마디)+b(4마디) 형태가 비슷하게 보이나 코드 진행에서 차이가 난다. a(4마디)+b(4마디)의 코드진행은 a+b+a+c의 코드진행과 다르게 3, 4마디와 7, 8마디의 코드가 같거나 거의 동일하게 구성한다.

〈a(4마디)+b(4마디)의 코드진행〉

## 3. 혼합 형태

1+1+2의 형태라고 볼 수 있다. 크게 보면 2마디 반복의 형태나 4마디 반복의 형태와 비슷하다. 하지만 1마디의 모티브를 적극적으로 활용하였으며 3~4마디 중 3마디도 1마디의 요소로 비슷하게 반복시켜 만들어준다. 따라서 1마디, 2마디, 3마디, 5마디, 6마디, 7마디가 거의 같은 형태로 구성되어 있다. 8마디 안에서 6마디가 반복의 요소이기 때문에 중요한 부분에서 임팩트를 주기 아주 좋다.

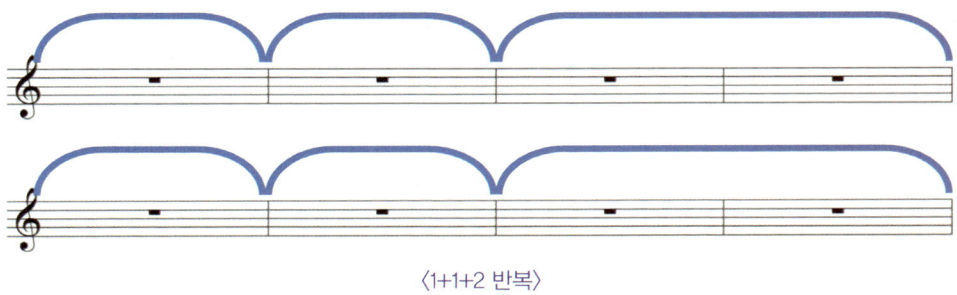

〈1+1+2 반복〉

그리고 코드 진행은 a(4마디)+b(4마디)의 진행과 같다. 4마디 단위의 반복 코드진행으로 많이 사용한다.

그 외 8마디 형태도 있다. 모티브의 반복이란 요소를 사용하지 않는 형태이지만 8마디가 각기 너무 다른 요소로 만들어져 있다면 통일성이나 일관성이 떨어지며 음악이 어렵게 느껴진다. 물론 굵은 리듬의 선율을 만들고 싶다면 8마디의 형태도 좋다. 하지만 일정한 리듬의 반복이 들어가거나 동일한 음정관계 같은 특징을 잘 사용하여야 좋은 음악이 될 수 있다. 반복의 형태를 정리해보면 다음과 같고 이러한 형태들을 멜로디의 유사성과 함께 코드의 반복적인 측면도 포함된다는 것을 잊지 말자.

## 4. 음악 형식

음악에 있어서 곡을 발전하기 위한 요소는 최소한의 단위인 모티브(Motive, 동기)가 있다. 동기들이 모여서 프레이즈(Phrase, 작은악절)가 되는 것이고 프레이즈가 모여서 피어리어드(Period, 큰악절)가 되는 것이다. 음악의 형식이라는 것은 피어리어드 8마디짜리 부분들이 어떠한 기능들을 하는지, 그리고 어떻게 연결할 것인지를 미리 정하는 것이다. 물론 각 8마디들은 각각의 모티브를 이용하여 만든다.

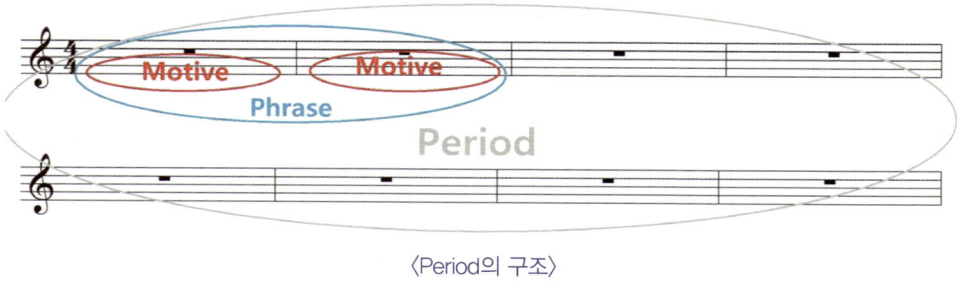

〈Period의 구조〉

예를 들어 A-B로 되어 있는 형식이라면 A의 모티브 1개와 B의 모티브 1개, 총 2개의 모티브가 필요한 것이다.

**1도막 형식** 한 부분으로만 이루어져 있어서 1부 형식이라고도 하며 동요와 같은 단순한 형태의 음악에서 주로 사용한다. A파트(8마디)로만 되어 있으며 8마디 안에 기승전결이 다 담겨 있다.

〈1도막 형식〉

- 반복되는 1도막 형식 : A-A-A… 로 이루어진 형태도 있다. 즉, 1도막 형식이 반복되며 가사만 1절, 2절, 3절 등으로 바뀌는 구조이다. 예를 들어 '독도는 우리 땅'과 같은 음악이며 다음과 같은 특징들이 있다.

    - 멜로디를 반복하며 가사 전달이 목적인 곡에 많이 쓰인다.
    - 반복할 때 전조를 사용하기도 한다.
    - 리프레인(Refrain)을 사용하기도 한다.

〈리프레인 적용 마디〉

\* 리프레인이란?
7~8마디 또는 5~8마디 사이에 많이 사용하며 중독성 있게 만드는 것을 말한다. 중독성이 있기 때문에 그 부분만 따로 반복하는 형태이다.

**2도막 형식**  2부 형식이라고도 하며 A-B의 구조처럼 2개의 대조되는 형태를 가진다.

- 절과 후렴으로 이루어진 음악이다.
- 일반적으로 A보다 B가 음악적으로 더 강조되어 있다.
- 다양한 형태로 사용된다.
- 동요, 교가, 애국가, 찬송가, 재즈, 팝, 가요 등 다양하게 사용된다.

〈2도막 형식〉

- 2도막 형식의 응용(2부 형식) : A와 B의 부분으로 되어있지만 다양한 형태로 활용할 수 있다.

    - A-A-B-A의 형식에서는 A가 음악적으로 강조된 경우가 많다. 따라서 A에 메인 테마를 넣어야 한다.
    - B는 A와 대조되는 느낌으로 만들어서 A를 두각 시키는 기능을 가진다.
    - A 부분이 많이 나와서 음악적 친숙성을 갖기에 좋다.
    - 재즈, 뮤지컬, 영화음악 등 다양한 음악에서 사용된다.

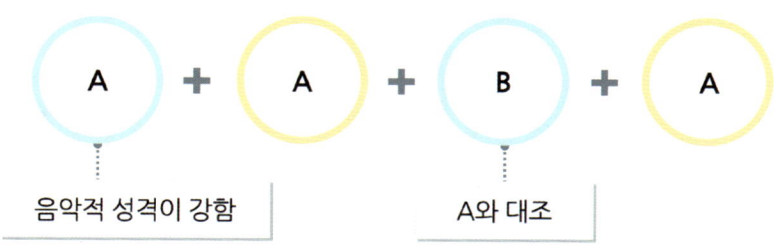

<u>3도막 형식</u> 3부 형식이라고도 하며 A-B-C의 부분들이 있다.

<u>4도막 형식</u> 4부형식이라고도 하며 A-B-C-D의 부분들이 있다.

## 5. 가요형식(Song Form)

노래곡을 만들고 싶은 사람을 위하여 가요형식에 대해서도 알아보자. 가요형식이란 가사가 있는 노래곡에서 사용되는 형식을 뜻하며 가요형식에서 사용되는 부분의 기능은 아래와 같다.

- **도입부(Inrtoduction)** : 곡의 시작됨을 알리고 곡의 전반적인 분위기를 알려주는 목적이 있다. Intro를 생략하는 경우도 많으며 Chorus가 먼저 나오기도 한다.
- **절구(Verse)** : 노래에서 1절, 2절과 같은 절의 개념으로 주제로 알리고 싶은 부분까지 전개해나가는 특성이 있다. 서사적으로 풀어나가는 부분이기에 음역이 전반적으로 낮으며 리듬도 복잡하지 않은 편이다.
- **연결구(Transitional Bridge)** : Verse와 Chorus를 연결해 주는 역할을 한다. 일반적으로 Verse는 음역이 낮으며 Chorus는 높기 때문에 그 사이에서 점차 고조되는 분위기를 몰아주며 연결해 주는 역할을 한다.
- **후렴구(Chorus)** : 노래에서 말하고자 하는 주된 부분이며 가장 좋고 중요한 부분이다. 일반적으로 음악의 절정 부분이 담겨져 있기에 음역이 가장 고조되어 있으며 Chorus를 많이 반복한다.
- **중요 연결구(Primary Bridge)** : Transitional Bridge는 Verse와 Chorus를 연결해 주는 기능을 하지만 Primary Bridge는 Chorus와 Chorus를 연결해 주는 역할을 한다. Verse나 Chorus에서는 나오지 않는 분위기나 느낌으로 많이 사용하며 절정감을

가진다. 하지만 Chorus와는 다른 느낌의 절정감이며 곡의 전체에서 단 1번만 사용된다.

- **간주(Interlude)** : 노래가 잠시 쉬는 부분이기 때문에 악기들로 구성이 되어 있다.
- **후주(Ending)** : Outro, Final, Tag 등의 용어로도 사용되며 곡이 끝나는 것을 알린다. Ending 부분을 따로 만들기도 하지만 Chorus의 일부분을 이용해서 Ending을 만들기도 하며 그냥 Chorus를 반복하여 끝나는 곡들도 형태도 있기에 모든 곡이 반드시 Ending이 있는 것은 아니다.

* Transitional Bridge를 줄여서 Bridge라고 하며 Primary Bridge는 Primary Bridge 또는 P.B.라고 표현하는 경우가 많다.
* Transitional Bridge를 Chorus가 나오기 전에 위치한다고 해서 Pre Chorus, Primary Bridge 는 Bridge라고 표현하는 경우도 있다.

우리가 가요형식(Song Form)에서 몇 도막 형식인지 형식을 분석할 때 사용하는 부분은 Verse, Transitional Bridge, Chorus, Primary Bridge이다. 이 4가지 중에 무엇이 사용되었는지를 살펴보고 1도막, 2도막, 3도막, 4도막으로 정의한다. 간단한 동요를 제외한 일반적인 음악들은 2도막 이상의 형식을 사용한다. 2도막 형식으로 가장 많이 사용되는 노래곡 형태는 Verse와 Chorus이다.

| A(Verse) | B(Chorus) |
|---|---|

- Verse와 Chorus로 구성되어 2도막으로 이루어져 있기에 특히 Verse의 가사가 많다. 80년대 이전의 가요나 교가, 애국가, 찬송가 등과 같은 음악들을 생각하면 이해가 빠르다.
- 요즘의 음악들은 Verse보다 Chorus를 강조하기 위하여 아래와 같은 형태를 사용하기도 한다.

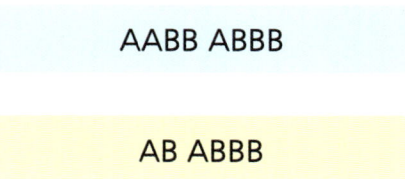

- 작곡가에 따라서 강한 대조를 위하여 Chorus를 먼저 완성한 후 Verse를 나중에 만드는 경우도 많다.
- 1~2마디 정도의 짧은 규모 Bridge를 만들어 활용하는 경우도 있다.
- A보다 B를 더 강조하는 형태에서 B가 너무 많이 반복 사용되어 생기는 지루함을 탈피하기 위하여 Primary Bridge를 사용하기도 한다.

가요형식에서 사용하는 3도막 형식의 일반적인 형태는 A-B-C이다.

A 8마디   B 8마디   C 8마디

하지만 A-B-C의 형태라도 Verse-Bridge-Chorus로 이루어진 형식과 Verse-Chorus-Primary Bridge 3개의 파트로 이루어진 2가지 패턴으로 나올 수 있다.

A (Verse) » B (Bridge) » C (Chorus)

A (Verse) » B (Chorus) » C (P. Bridge) » { B (Chorus) }

Verse-Bridge-Chorus로 이루어진 형태의 구조와 기능은 아래와 같다.

Verse-Chorus-Primary Bridge로 이루어진 형태는 당연하게 Primary Bridge 다음에는 Chorus가 나오게 되며 구조와 기능은 아래와 같다.

가요형식에서 사용하는 4도막 형식의 일반적인 형태는 A-B-C-D이다.

| A 8마디 | B 8마디 | C 8마디 | D 8마디 |

A-B-C-D의 형태에서는 Verse-Bridge-Chorus-Primary Bridge로 이루어져 있다.

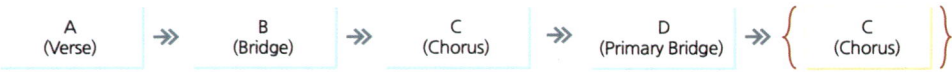

형식이 너무 단순한 것도 싫증을 유발하지만 형식이 너무 복잡해지면 어려워지기 때문에 일반적인 대중음악에서는 4도막 형식보다 복잡한 형태는 잘 사용하지 않는다. 그리고 아래와 같이 곡의 전반부와 똑같이 반복되어 나오는 후반부 부분들의 마디수를 축소하거나 확장하여 형식의 변화를 주기도 한다.

A(8마디) - B(8마디) - C(8마디) - Interlude - A(4마디) - B(4마디) - C(16마디)

또한 각 파트들의 기능을 모호하게 하여 작곡하는 방법도 있다. Bridge와 Chorus로 각 구분을 명확히 두지 않고 길이도 8마디 이상으로 늘리고 느낌도 Bridge와 Chorus 두 부분을 합친 듯한 형식들도 사용된다.

일반적으로 Bridge는 Verse와 Chorus 사이에서 연결을 해주는 역할을 하지만 요즘은 Interlude 후에 빠른 절정감으로 진행하기 위하여 Verse를 생략하고 바로 Bridge부터 나와서 Chorus로 진행하는 경우도 많다.

Verse(생략) ▶ Bridge ▶ Chorus

간혹 음악이 시작하자마자 바로 Chorus가 나오는 곡들이 있는데 이러한 곡들은 처음부터 절정감을 가진 Chorus를 사용하였기 때문에 후반부의 긴장감을 높이기 위하여 대부분 형식 안에 Primary Bridge가 포함되어 있다.

> \* 훅(Hook)이란?
> 간혹 Chorus와 같은 뜻으로 Hook이라는 표현을 사용하는 사람들도 있다. 하지만 Chorus와 Hook은 다르다. Hook은 후렴이 아니고 음악에 있어서 좋은 부분을 뜻하는 단어이기 때문이다. 일반적으로 Chorus에는 절정감도 있으며 듣기에 좋은 부분들도 많이 구성되어 있기 때문에 Hook을 Chorus와 같은 의미로 혼동하여 사용하는 것이다. 하지만 Hook은 Intro에도 있을 수 있고 Verse에도 있을 수 있기 때문에 다르게 사용하여야 한다.

노래곡에서 일반적으로 많이 사용하는 형식은 다음과 같다.

1. Intro – Verse1 – Verse2 – Chorus – Interlude – Verse3 – Chorus – Chorus Repeat(or Ending)
2. Intro – Verse1 – Bridge – Chorus – Interlude – Verse2 – Bridge – Chorus – Chorus Repeat(or Ending)
3. Intro – Verse – Bridge – Chorus – Interlude – Bridge – Chorus – Chorus Repeat(Ending)
4. Intro – Verse – Bridge – Chorus – Interlude – Bridge – Chorus – Primary Bridge – Chorus – Chorus Repeat(or Ending)
5. Intro – Verse – Chorus(Bridge+Chorus형태) – Interlude – Chorus(Bridge+Chorus형태) – Primary Bridge – Chorus Repeat(Bridge+Chorus형태)
6. Chorus – Verse – Bridge – Chorus – Interlude – Bridge – Chorus – Primary Bridge – Chorus – Chorus Repeat(or Ending)

# 12 반주를 위한 코드 쉽게 입력하는 방법

멜로디에 대한 반주 역할에서 빠지지 않는 악기는 피아노와 같은 건반 악기이다. 건반 악기를 입력하는 가장 기본적인 방법은 4비트와 8비트이다. 드럼 머신 입력에서 배웠던 것과 마찬가지로 4비트는 한 마디에 4번의 코드음을 연주하는 방식이고 8비트는 한 마디에 8번의 코드음을 연주하는 방식이다.

## 1. 4비트

4비트로 피아노를 입력하기 위하여 먼저 가상악기 트랙을 생성한 후 그랜드 피아노(Grand piano)를 선택하자.

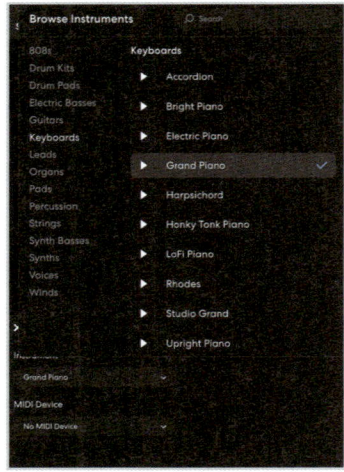

〈악기 선택〉

피아노를 입력하기 이전에 알아두어야 할 것이 있다. 악기만 들어가는 연주곡이라면 음역의 선택이 자유롭지만 보컬이 들어가는 음악은 피아노의 음역을 주의해야 한다. 피아노의 음역이 높으면 보컬의 목소리 대역과 음역이 겹치기 때문에 보컬 음역보다 조금 낮게 위치해주는 것이 좋다. 그래서 C4 영역이 아니고 C3 영역에서 입력을 할 것이다.

먼저 코드를 입력하기 위하여 코드를 정하여 보자. 한 마디에 1개의 코드가 들어가며 코드 진행은 C(도, 미, 솔)-Am(라, 도, 미)-Dm(레, 파, 라)-G(솔, 시, 레)의 진행이다. 1박 길이의 C코드(도, 미, 솔)를 입력하면 아마도 아래 그림과 같이 시작 위치가 조금씩 틀어질 것이다.

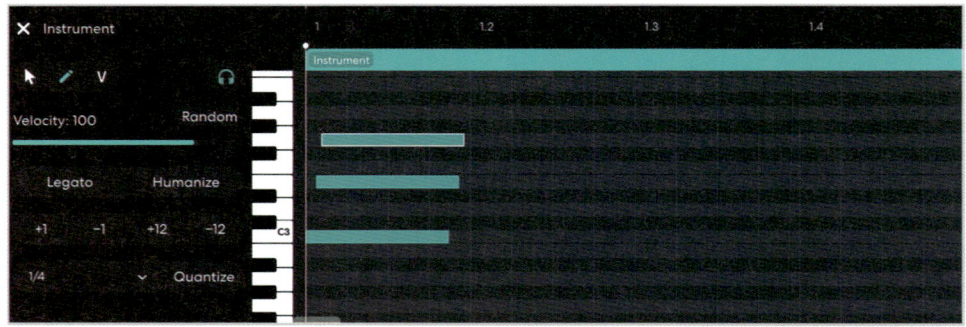

〈코드 입력〉

틀어진 음들을 아래와 같이 마우스로 드래그하여 다중 선택을 한다. 그리고 퀀타이즈 박자에서 1/4로 선택하고 퀀타이즈 버튼을 클릭한다.

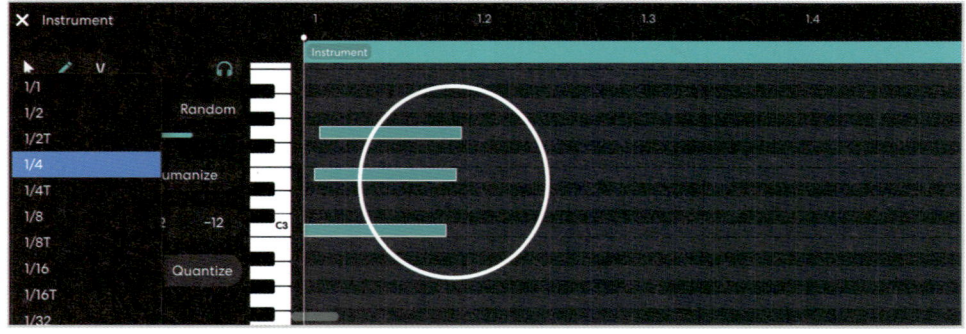

〈다중 선택 후 퀀타이즈〉

퀀타이즈가 된 음표들을 드래그 하여 다시 다중 선택한다. 그리고 [Ctrl + C]를 눌러 복사한다. 그 후 아래 그림과 같이 다시 반복하여 입력해야할 박자가 있는 부분에 박자와 음 입력 중간 지점(빨간색 지점 안)에 마우스 포인터를 놓은 후 [Ctrl + V]를 하여 붙이기를 반복한다. 다중 선택 후에 알트(Alt) 키를 누르고 드래그하여도 복사가 가능하다.

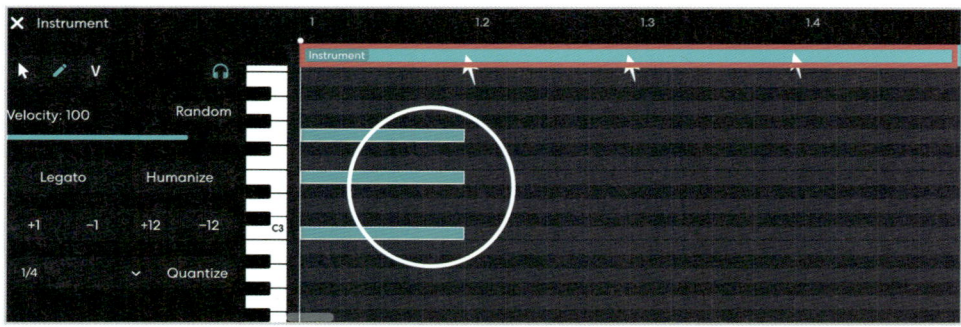

〈다중 선택과 마우스 포인터 위치〉

복사 되어야 할 지점마다 마우스 포인터로 클릭한 후에 [Ctrl + V]를 눌러서 붙이기를 하면 아래 그림과 같이 4박자를 금방 채울 수 있다.

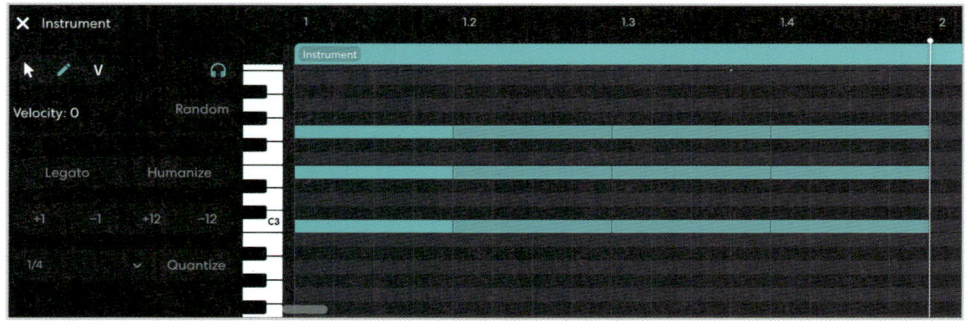

〈4박자 복사〉

다시 다중 선택을 한 후 음표 끝 지점에 마우스 포인터를 가져다 놓고 음표의 길이를 줄이면 한 번에 모든 음 길이가 줄어준다.

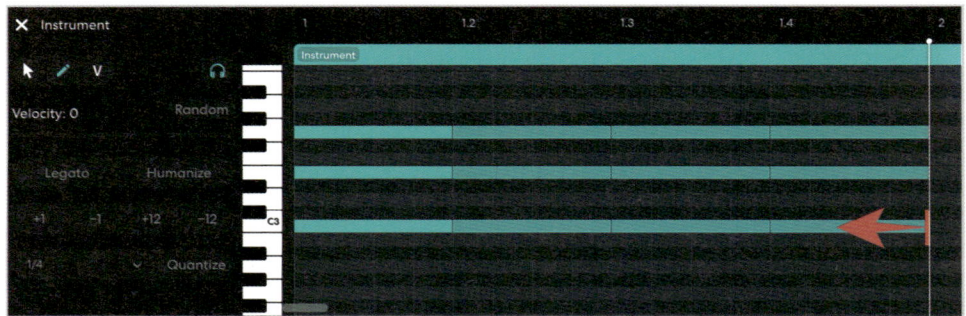
〈다중 선택으로 모든 음 길이 줄이기〉

아래 그림을 보면 알 수 있듯이 각 음의 길이를 원래의 박자보다 조금 짧게 줄여주는 이유는 원래 악보처럼 음의 길이를 정확히 채워준다면 소리를 들었을 때는 조금 답답하게 느껴진다. 그래서 음 길이를 조금 짧게 해주는 것이 좋다. 직접 귀로 비교해 보면 바로 알게 될 것이다.

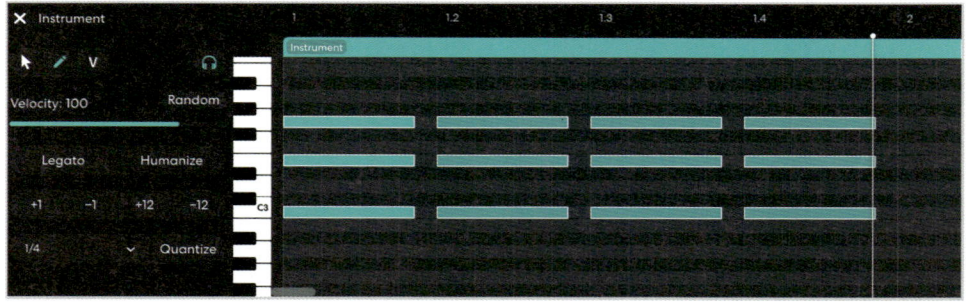
〈음표의 길이를 줄인 모습〉

코드를 쉽게 입력하는 방법을 정리해보자.

① 코드음 입력
② 마우스로 드래그하여 다중 선택 후, 퀀타이즈 박자를 1/4로 맞추고 퀀타이즈 실행
③ 퀀타이즈 정렬이 되어있는 음들을 다시 다중 선택 후 [Ctrl + C]를 눌러 복사
④ 복사 되어야 할 박자(박자와 입력공간 중간 지점)마다 마우스 포인터로 클릭한 후에 [Ctrl + V]를 눌 러서 붙이기를 반복

⑤ 모든 음을 마우스로 드래그하여 다중 선택 후 음표 끝 지점에 마우스 포인터를 가져다 놓고 음표의 길이를 줄이기

계속하여 다른 코드도 입력해보자.

1마디에서 입력되어 있는 모든 음들을 마우스로 드래그하여 다중 선택하자.

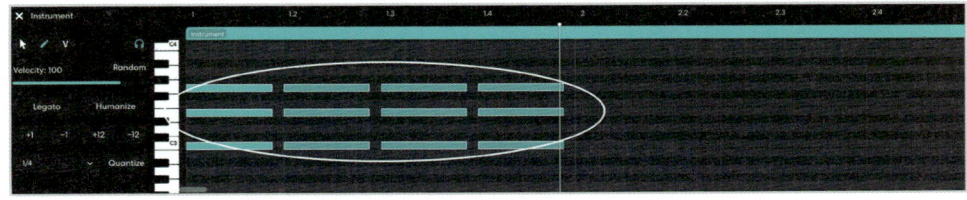

〈다중 선택〉

[Ctrl + C]를 눌러 복사한 후 2마디 시작 박자가 표시되어 있는 부분 경계선을 마우스 포인터로 클릭한 후에 [Ctrl + V]를 눌러서 붙이기를 하자.

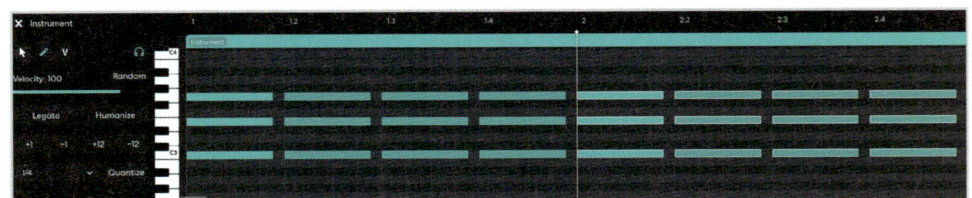

〈1마디의 코드 복사 후 2마디 붙이기〉

복사되어 있는 음들을 2마디 코드에 맞게 수정해야 한다. C코드(도, 미, 솔)와 Am코드(라, 도, 미)의 공통음은 '도', '미'이다. 그래서 2마디의 '솔' 위치의 음들을 다중 선택한 후 '라' 위치로 드래그 한다.

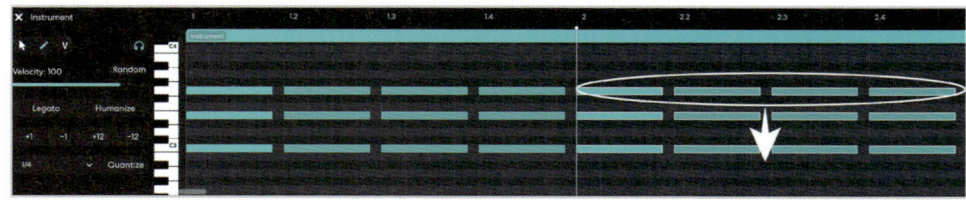

〈음정 위치 바꾸기〉

1개의 코드를 입력 후 이와 같은 방법으로 나머지 코드들을 입력하면 빠른 속도로 많은 코드들을 입력할 수 있다.

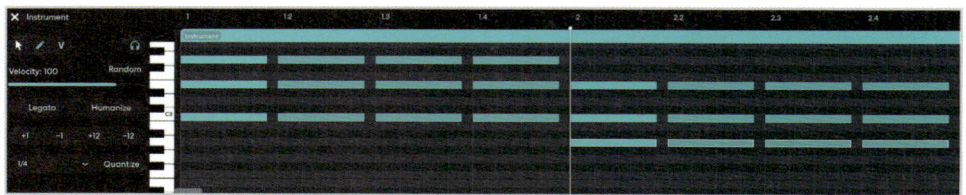

〈완성된 C코드와 Am코드〉

많은 코드를 쉽게 입력하는 방법을 정리해보자.

① 완성된 코드를 다중 선택하여 복사한 후 붙이기
② 입력해야 할 코드에 맞게 수정하기 위하여 같은 높이에 있는 음들을 다중 선택
③ 원하는 음정으로 드래그하여 옮기기

이와 같은 방법을 사용하여 C, Am, Dm, G 코드의 4마디를 완성해보자.

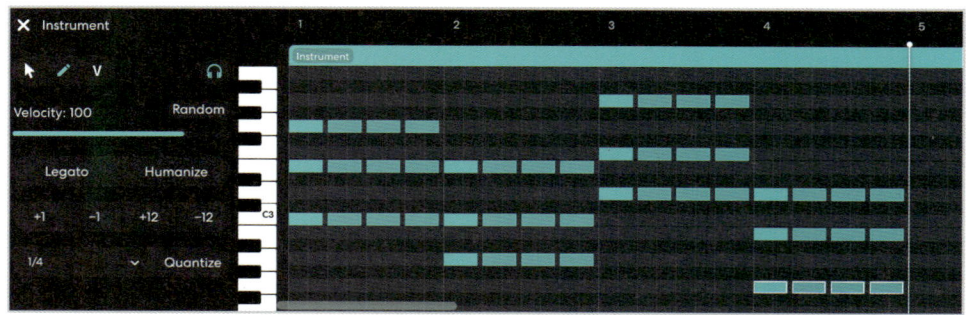

〈4마디 완성〉

## 2. 8비트

이번에는 8비트 입력하는 방법을 알아보자.

8비트는 한 마디에 8분음 8개를 입력한다. 물론 처음부터 8개를 입력해도 되지만 4비트로 먼저 만든 후에 길이를 줄이고 복사 & 붙이기를 해도 된다.

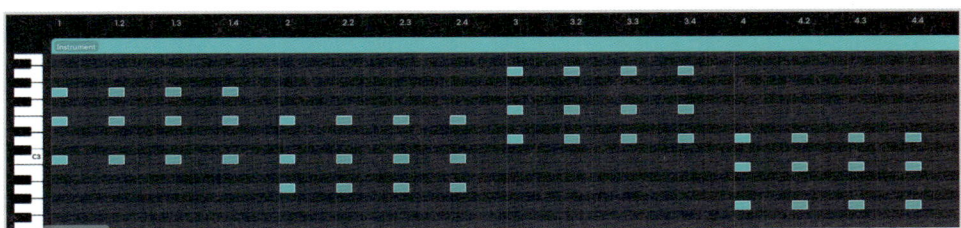

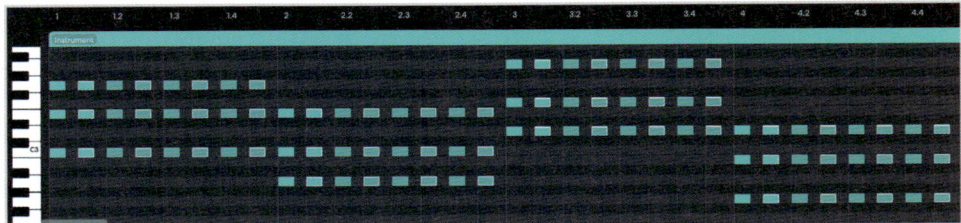

〈먼저 4비트로 만든 후 8비트로 복사 & 붙이기〉

## 3. 베이스 음역 추가하기

4비트나 8비트를 사용하면서 베이스 역할이 필요하다면 저음을 추가해주면 된다. 각 코드의 근음을 이용하는데 아래 그림과 같이 옥타브로 만들어주면 저음이 더 강조된다.

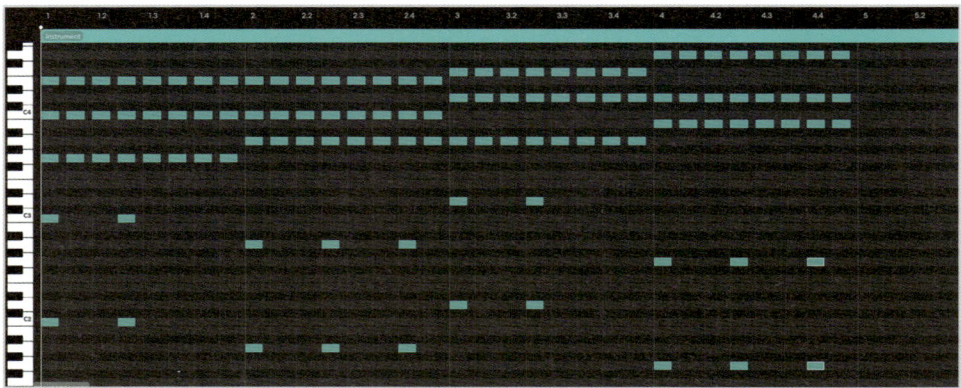

〈베이스 역할 추가한 8비트〉

# 13 아르페지오(Arpeggio)

지금까지와 같이 화음을 동시에 울리게 하여 연주하는 방식은 블록(Block) 방식이다. 반대로 아르페지오(Arpeggio)는 분산화음 방식의 연주법을 뜻한다. 한 번에 모든 코드음을 연주하지 않고 분산화음으로 연주를 하여도 코드의 느낌은 충분하다. 다양한 음악적 표현을 하는데 있어서 아르페지오 연주는 유용하다.

## 1. 아르페지오 패턴

아르페지오 주법은 코드를 펼쳐주면 된다. 8비트 아르페지오 연주는 8분음 8개, 16비트라면 16분음 16개를 사용하면 된다. 그러나 꼭 그렇다는 것은 아니다. 2분음, 4분음, 8분음, 16분음 모두 골고루 혼용해도 상관이 없기 때문이다. 그리고 아직 아르페지오 연주법이 익숙하지 않는 사람들을 위하여 아르페지오 주법을 쉽게 익히기 위한 방법을 먼저 제시한다. 이미 코드의 구조에서 배웠듯이 코드 구성음은 제일 밑음부터 1음, 3음, 5음, 7음의 순서이다. 옥타브가 넘어가면 9음, 11음, 13음이 맞지만 앞으로는 편의상 9음은 2음, 11음은 4음, 13음은 6음으로 사용할 것이다. 한 마디에 C코드(도, 미, 솔) 1개로 이루어진 곡이라고 가정하고 8분음 8개를 입력해보자.

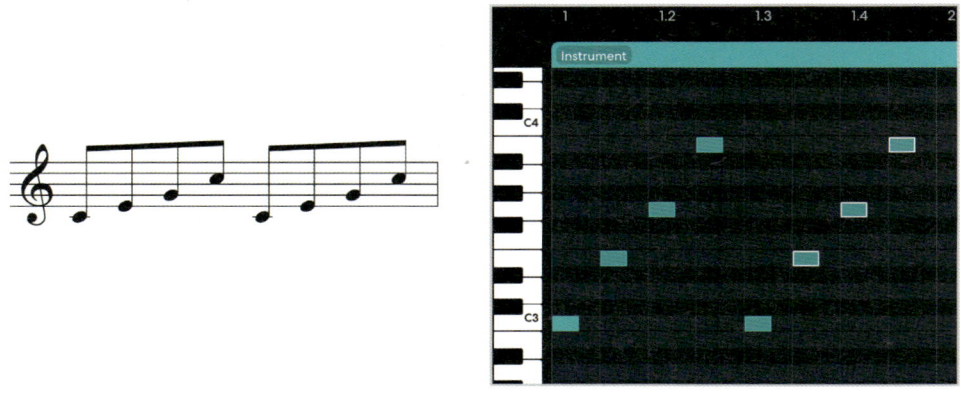

〈1, 3, 5, 1 패턴〉

보통 아르페지오 주법을 사용할 때 한 마디에 코드가 1개라고 하더라도 계속해서 상승이나 하강을 하면서 분산화음의 형태를 만들지는 않는다. 같은 코드가 계속 사용되고 있는 상황이라도 위의 그림과 같이 2박 단위의 형태를 만드는 경우가 많다. 그리고 아르페지오 주법 사용 시에 가장 주의할 점은 3음의 사용이다. 위 그림과 같이 C코드 사용을 위하여 1, 3, 5, 1 즉, '도', '미', '솔', '도'의 음을 그대로 펼치는 것은 좋지 않다. 코드 구성음 순서대로 1, 3, 5 음을 연주하면 동요 같은 느낌이 들며 아름답게 느껴지지 않는다. 1음으로 시작하는 것은 맞지만 3음으로 가지 않고 5음으로 바로 가는 것이 좋다. 아래와 같이 3음을 생략해 보자.

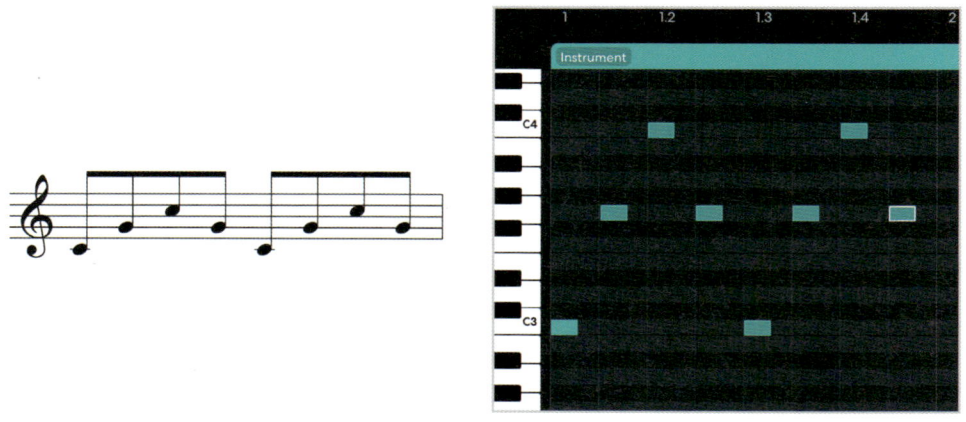

〈3음 생략한 1, 5, 1, 5 패턴〉

그렇다고 3음을 아예 사용안하는 것은 아니다. 3음을 사용하고 싶다면 아래와 같이 1, 5, 1, 3 패턴을 사용하여도 된다.

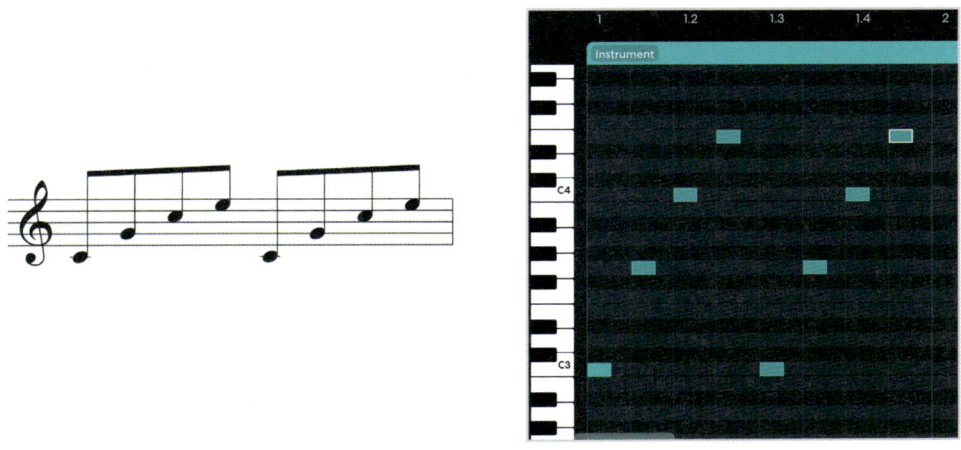

〈1, 5, 1, 3 패턴〉

또는 아래와 같이 1, 5, 3, 1 패턴을 사용하여도 된다.

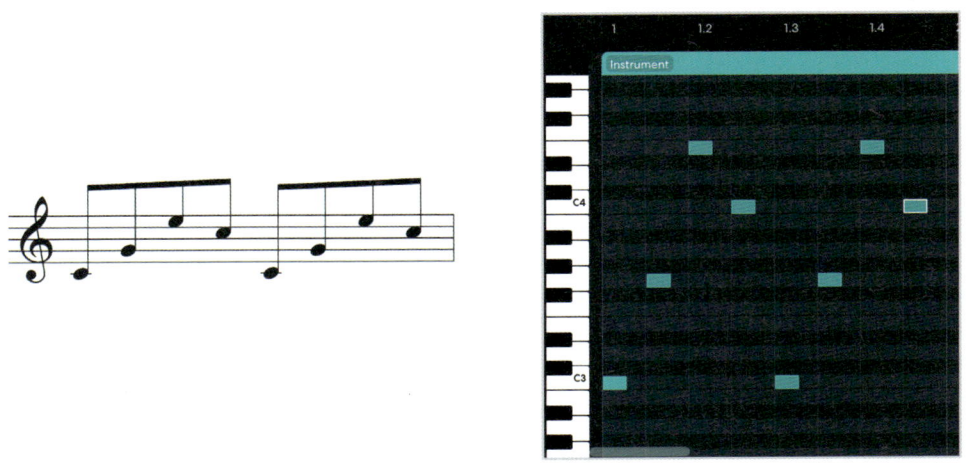

〈1, 5, 3, 1 패턴〉

아르페지오 방식으로 연주를 할 때는 반드시 코드 구성음만 사용해야 하는 것은 아니다. 7음을 포함하여 텐션음인 2, 4, 6음을 섞어서 사용하여도 좋다.

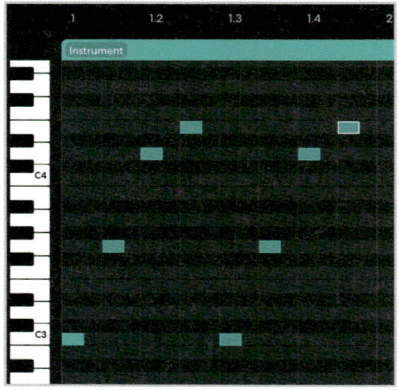

〈1, 5, 2, 3 패턴〉

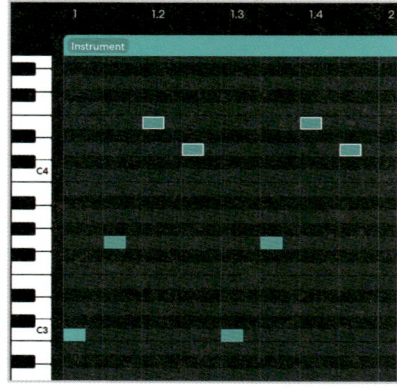

〈1, 5, 3, 2 패턴〉

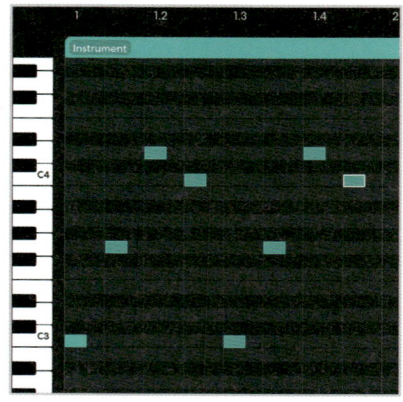

〈1, 5, 2, 1 패턴〉

패턴들의 공통적인 특징은 1, 5음 위의 음들은 자연스럽게 사용을 할 수가 있다는 점이다. 음정과 함께 음 길이도 멜로디를 방해하지 않는다면 여러 가지로 표현할 수 있다. 8비트 패턴이라고 해서 반드시 8분음만 써야 하는 것은 아니다. 4분음과 2분음을 같이 사용해도 상관이 없다. 아래 그림의 1, 5, 1 응용 패턴은 8분음과 4분음을 같이 사용하는 대표적인 패턴이다.

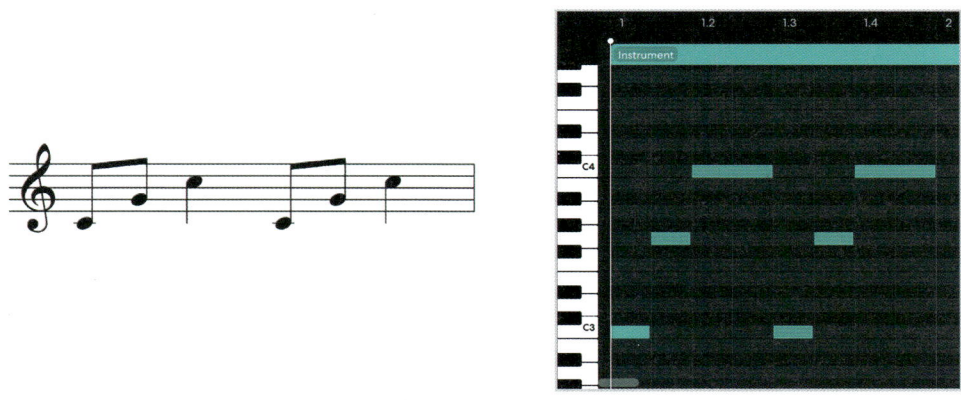

〈1, 5, 1 응용 패턴〉

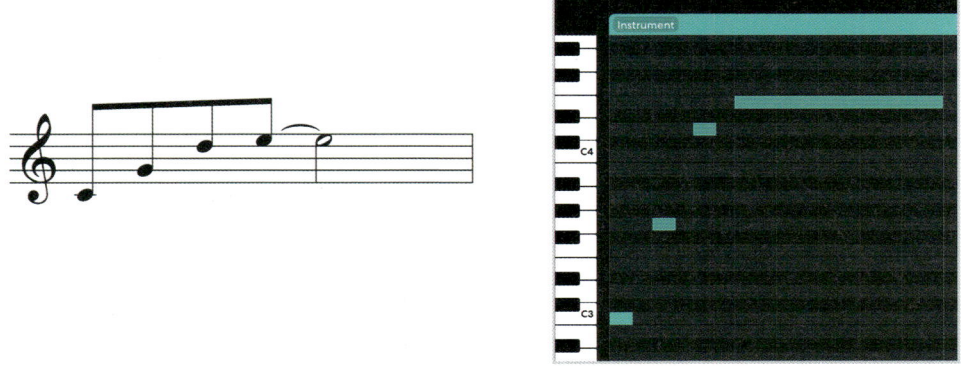

〈1, 5, 2, 3 응용 패턴〉

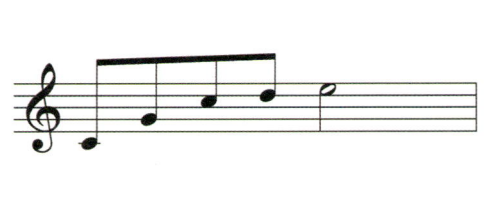 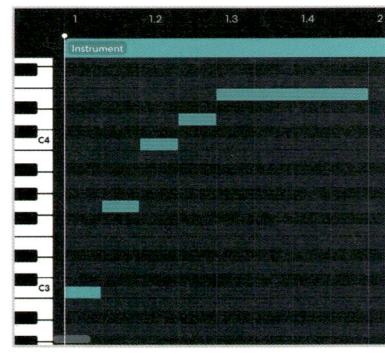

〈1, 5, 1, 2, 3 응용 패턴〉

 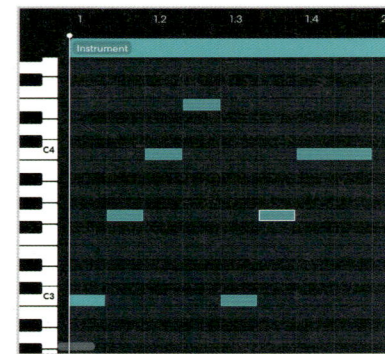

〈1, 5, 1, 3, 1, 5, 1 응용 패턴〉

 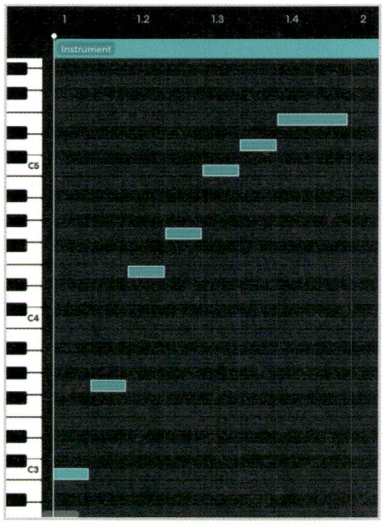

〈1, 5, 3, 5, 1, 2, 3〉

## 2. 왼손 아르페지오

지금까지 살펴봤던 아르페지오 패턴들은 피아노 외에 다른 악기로 사용해도 상관없다. 하프, 스트링, 플롯, 기타, 신스, 마림바 등 현악기, 관악기, 타악기 가리지 않고 모든 악기로 연주해도 좋은 효과가 난다. 하지만 다른 악기들과 다르게 피아노는 양손을 사용하기에 아르페지오 패턴을 왼손 쪽으로 할 것인가 오른손 쪽으로 할 것인가에 따라서 조금 달라진다.

C코드-F코드 진행으로 왼손 아르페지오를 입력해보자. 오른손 쪽의 음역이 더해지기 때문에 왼손의 음역을 C2 영역으로 내려주자.

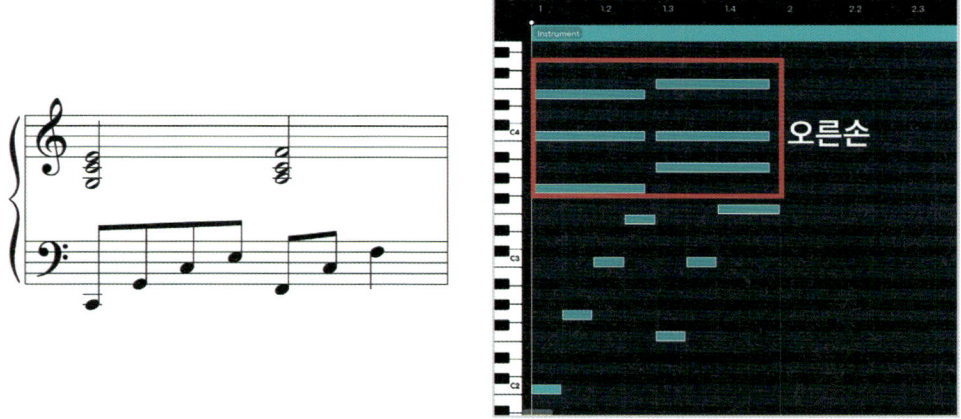

〈왼손 아르페지오1〉

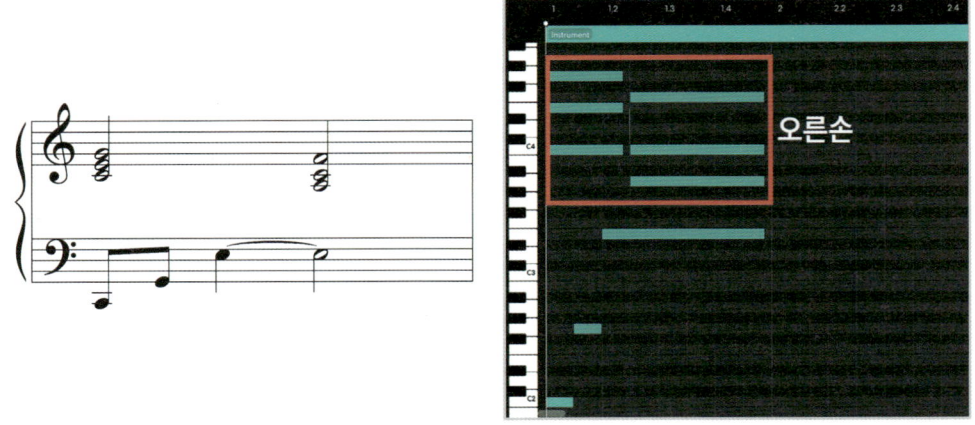

〈왼손 아르페지오2〉

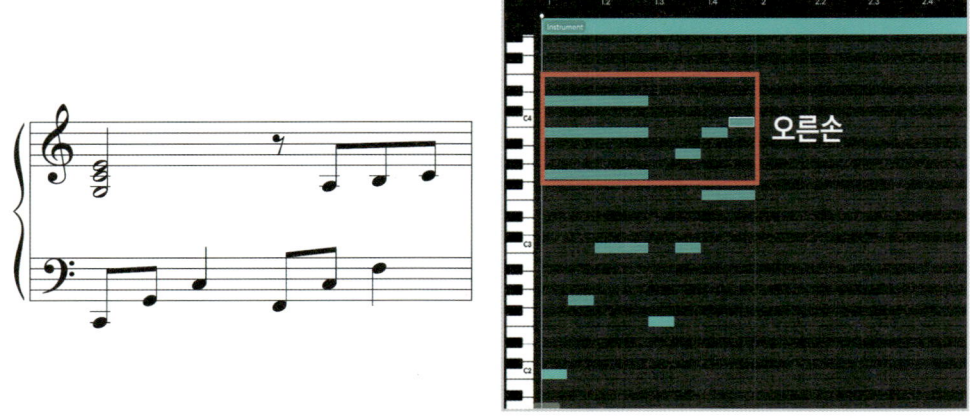

〈왼손 아르페지오3〉

## 3. 오른손 아르페지오

오른손 아르페지오라고 별 다를 것은 없다. 단지 왼손 아르페지오와 오른손 블록방식으로 사용할 때는 오른손에 텐션을 포함하여 코드 구성음을 많이 사용하는 편이지만 오른손 아르페지오를 사용할 때 왼손은 일반적으로 화음을 많이 사용하지 않는다는 점이 조금 다르다. 저음쪽에 너무 음이 밀집되어 있으면 사운드가 지저분해지기 때문이다. 근음 + 근음, 근음 + 7음, 근음 + 5음, 근음 + 5음 + 근음 정도만 사용하는 편이다.

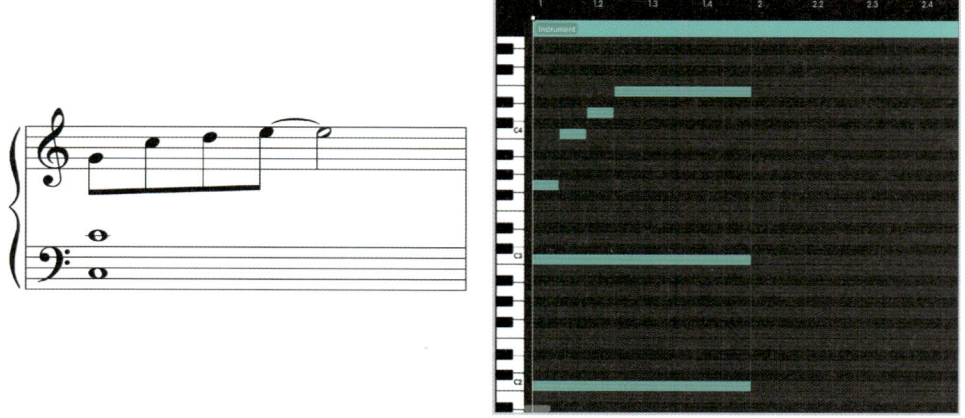

〈근음 + 근음과 오른손 아르페지오1〉

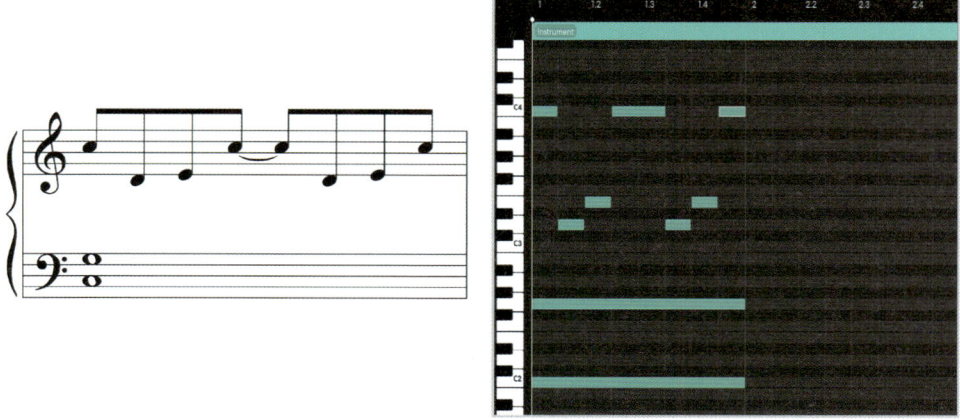

〈근음 + 5음과 오른손 아르페지오2〉

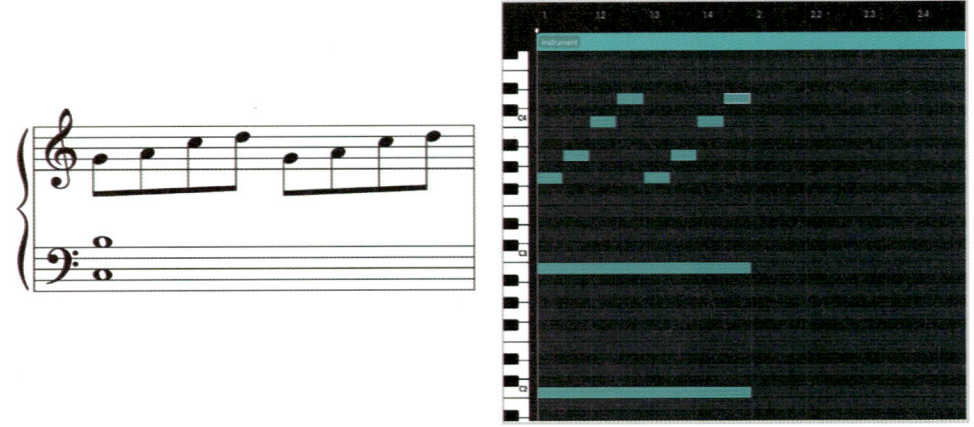

〈근음 + 7음과 오른손 아르페지오3〉

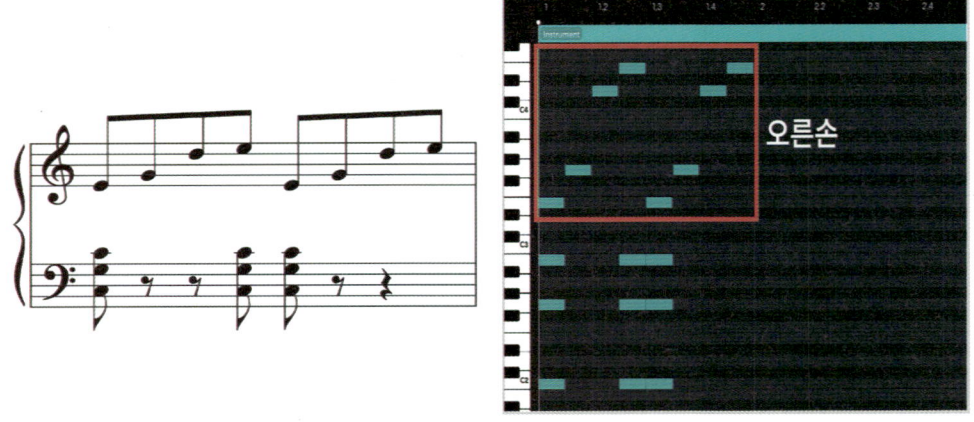

〈근음 + 5음 + 근음과 오른손 아르페지오4〉

지금까지 아르페지오 연주법을 살펴보았다. 하지만 실제적으로 사용할 때, 오른손은 블록 방식이라고 블록 방식만 사용하고 왼손은 아르페지오 방식이라고 아르페지오 방식만 사용하는 것은 아니다. 자유스럽게 혼용할 수도 있다는 점을 잊지 말자.

# 14 베이스(Bass)

음악의 3요소는 멜로디, 리듬, 하모니로 이루어져 있고 이를 구성하기 위하여 대중음악 편곡 시에 거의 필수적으로 들어가는 악기들은 4개의 악기로 드럼, 베이스, 기타, 피아노(건반)이다. 이 4개의 악기로 기본적인 편곡을 하고 추가적인 음색이나 기능이 필요하면 다른 악기를 추가하는 방식이다.

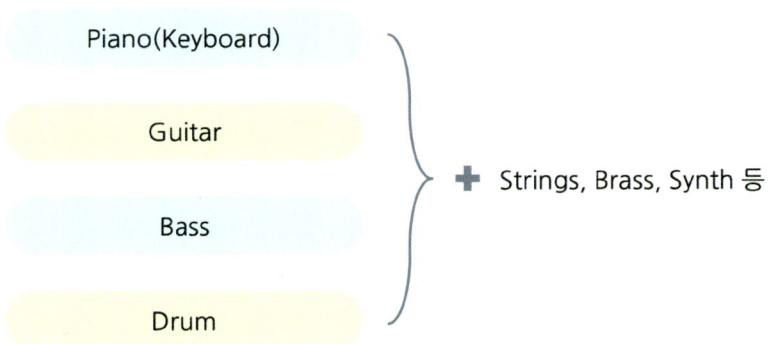

Drum : 곡의 기본적인 리듬을 담당한다.
Bass : 곡의 기본적인 리듬과 코드를 담당한다.
Guitar : 곡의 기본적인 리듬을 더해주거나 세밀한 리듬을 추가해주는 역할을 하며 텐션을 포함한 코드느낌을 주거나 선율적 역할을 담당한다.
Piano : 기타의 역할과 같다. 곡의 기본적인 리듬을 더해주거나 세밀한 리듬을 추가해주는 역할을 하며 텐션을 포함한 코드 느낌을 주거나 선율적 역할을 담당한다.

위의 4개의 악기들은 서로의 역할을 보조해주거나 앙상블을 이루며 곡의 완성도를 높이는 역할을 한다. 물론 항상 이 악기들이 모두 사용되는 것은 아니다. 힙합과 같은 음악의 장르에 따라서 4개의 악기가 모두 사용되지 않고 일부분만 사용하는 음악들도 있다. 하지만 드럼과 베이스는 거의 모든 음악에서 사용되는 편이기에 이 번에는 베이스에 대하여 알아보자.

베이스 기타(Bass Guitar)는 보통 4개의 줄을 가지고 있으나 5현, 6현 그 이상도 있다. 낮은 음역대를 담당하는 악기이다.

## 1. 베이스와 드럼

베이스와 드럼은 곡의 가장 기본이 되는 리듬을 만들어내기에 상당히 중요하다. 모든 편곡 과정 중에서 가장 기본이 되는 부분이며 리듬 패턴에 있어서 드럼의 킥 드럼과 베이스의 리듬을 맞추는 것이 일반적이다. 먼저 8비트의 드럼을 입력할 것이다. 하지만 드럼머신을 사용하지 않고 가상악기 트랙을 생성하여 입력해보자. 여러 마디를 입력하면서 조금씩 변화를 주기에는 가상악기 트랙을 이용한 입력이 편하기 때문이다.

## 1) 가상 악기(Virtual Instruments) 트랙을 이용한 드럼 입력

Add Track을 이용하여 가상악기 트랙을 생성한 후 악기를 Drum Kits → Pop Rock 선택

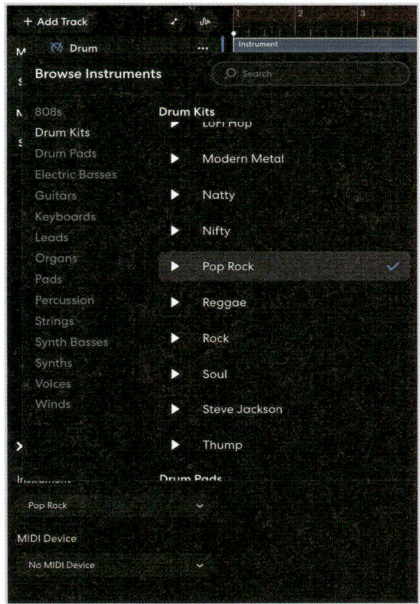

〈Drum kits → Pop Rock 선택〉

가상악기 트랙에서 드럼 악기를 선택하게 되면 아래 그림과 같이 드럼머신의 입력 창과는 다른 입력 창의 모습이 나타난다.

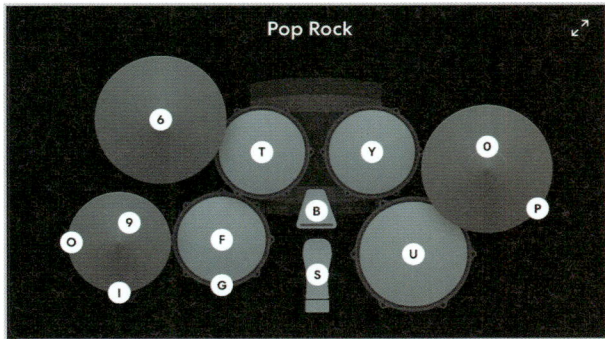

〈가상악기 트랙의 드럼 입력 창〉

드럼의 모습으로 되어 있는데 하이햇과 스네어 드럼, 심벌은 가운데 부분과 가장자리 부분도 소리나게 되어 있다. 드럼 연주법에는 악기에 따라서 어느 부분을 타격하는가에 따라서 소리가 달라지는 경우도 있기 때문이다. 음 입력을 위하여 리전을 더블클릭하거나 화면 왼쪽 하단부의 미디 에디터(MIDI Editor)를 선택하자.

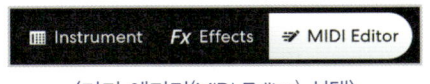

〈미디 에디터(MIDI Editor) 선택〉

미디 에디터를 선택하면 음을 입력할 수 있는 미디 에디터 창이 열리는데 다른 악기들을 선택하였을 때의 화면과는 다른 부분이 있다. 음의 높낮이를 알려주는 건반 모양 대신에 드럼머신에서 봤었던 것과 같은 드럼 악기 모양들이 있을 것이다. 어떠한 소리인지 알고 싶다면 그림 위로 마우스 포인터를 옮겨 놓으면 악기의 이름을 알 수 있다.

〈미디 에디터 내 드럼 악기〉

베이스를 입력하기 위하여 우선 8비트의 드럼을 입력하자.

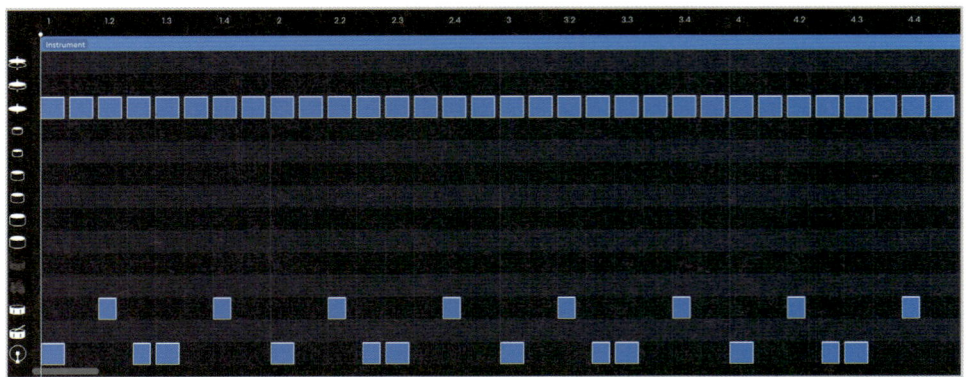

〈8비트 리듬의 드럼〉

가장 기본적으로 사용되는 8비트의 드럼을 입력하였다. 위의 그림을 자세하게 보면 음과 음사이의 간격이 띄어져 있는 것을 볼 수 있다. 피아노를 입력할 때 음과 음사이가 너무 딱 맞게 채워져 있으면 리듬감이 좀 늘어지는 경우가 있다고 설명했었다. 하지만 드럼은 음이 길게 유지되는 일반적인 악기가 아니고 타악기이다. 즉, 소리를 내자마자 최고조의 소리가 나고 금방 사라지는 악기이다. 음이 길게 유지되는 악기가 아니기 때문에 드럼이나 타악기를 입력할 때는 음과 음사이를 띄우거나 할 필요가 없다. 하지만 여기서는 리듬을 어떻게 입력했는지 조금 더 잘 보이게 하려고 음 길이를 조금 줄인 것뿐이다. 그리고 스네어 드럼을 사용할 때 조금 더 가벼운 느낌을 필요로 할 때는 스네어 드럼의 테두리 부분인 스네어 엣지(Snare Edge)라는 음색으로 선택하면 된다. 스네어 엣지(Snare Edge) 음색은 드럼 머신에서도 사용할 수 있다.
그럼 드럼을 입력하였으니 드럼 리듬에 맞춰서 베이스를 입력해보자.

## 2) 베이스(Bass) 입력

Add Track을 이용하여 가상악기 트랙을 생성한 후 악기를 Electric Bassess → Electric Bass Legato 선택

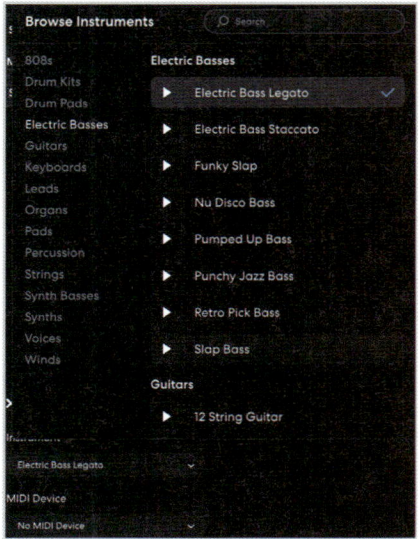

〈Electric Bassess → Electric Bass Legato 선택〉

베이스뿐만 아니라 다른 악기에서도 종종 악기 이름 옆에 Legato 또는 Staccato라는 것이 붙은 것을 볼 수 있다. Legato는 소리를 길게 유지하는 연주법이며 Staccato는 소리를 짧게 끊는 연주법을 말한다. 베이스를 선택했다면 리전을 생성한 후 음 입력을 위하여 리전을 더블클릭하거나 화면 왼쪽 하단부의 미디 에디터(MIDI Editor)를 선택하자.

미디 에디터에 베이스를 입력하기 위하여 먼저 코드를 C, Am, Dm, G 코드의 4마디로 정해주자. 베이스를 입력하는 기본적인 방법은 각 코드의 근음을 이용하면 된다. 그리고 리듬은 드럼의 킥 드럼 리듬과 일치 시키면 된다. 코드의 근음과 킥 드럼 리듬을 일치하여 입력해보자.

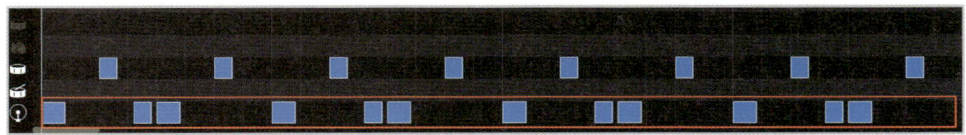

〈8비트 킥 드럼 리듬〉

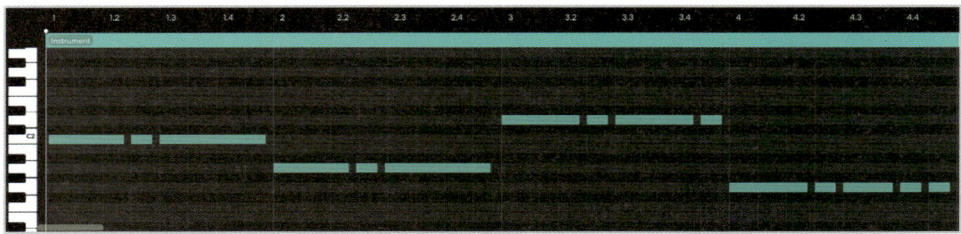

〈8비트 베이스〉

위의 그림에서 볼 수 있듯이 베이스는 킥의 리듬과 같은 리듬 자리에 위치하면 된다. 하지만 베이스의 리듬을 자세히 보면 1, 2마디와 달리 3마디와 4마디에서는 킥 드럼보다 베이스의 음이 더 추가되어 있는 것을 볼 수 있다. 기본적인 베이스의 리듬을 킥 드럼과 일치시킨 후에 더 추가하거나 쪼개어서 리듬을 만드는 것은 상관없다. 그러나 베이스 리듬과 킥 리듬이 불일치되면 한 곡 안에 여러 리듬이 존재하는 형태가 되기 때문에 복잡해질 수 있다. 마찬가지로 드럼과 베이스 외에 건반을 추가한다면 건반 내에 저음이 킥의 리듬과 베이스 리듬을 너무 건드리지 않도록 주의해야 한다. 그리고 킥 드럼의 리듬보다 베이스 음 길이가 더 긴 것도 볼 수 있다. 타악기와 달리 베이스는 음을 길게 유지하는 것이 가능하기 때문이다. 하지만 이 경우에도 음과 음 사이의 간격이 너무 없다면 음악에 있어서 탄력적인 느낌이 떨어지게 되기에 음 길이를 살짝 줄여주는 것을 추천한다.

## 2. 5음과 옥타브음을 이용한 베이스 라인 꾸미기

베이스의 음으로 가장 많이 사용하는 것은 근음이지만 5음과 옥타브의 사용도 가능하다. 그러나 코드가 바뀌는 위치에서는 근음을 사용하는 것이 좋다.

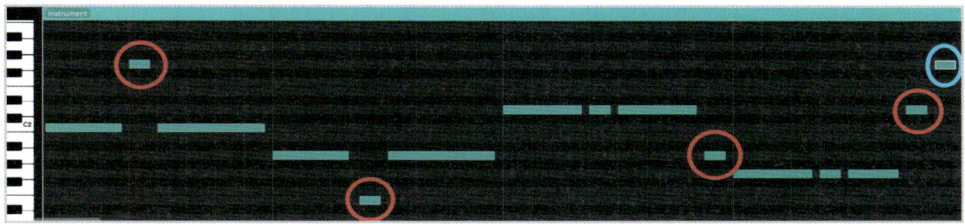

위의 그림을 통해 베이스 라인의 변화를 보자

① 1마디에서 C코드의 5음을 위쪽 방향으로 사용
② 2마디에서 Am코드의 5음을 아래쪽 방향으로 사용
③ 3마디에서 4번째 음을 아래쪽 5음으로 사용
④ 4마디에서 위쪽 5음과 위쪽 옥타브 사용

각 코드의 5음을 위아래 방향으로 사용할 수 있고 옥타브 음을 위아래로 사용할 수 있기 때문에 근음과 5음 및 옥타브 음만 사용해도 다양한 변화를 줄 수 있다. 그러나 베이스는 어디까지나 베이스이다. 멜로디가 아니기 때문에 과한 꾸밈은 좋지 않다.

# 15 스트링(Strings)

여러 가지 악기를 이용하여 편곡을 하면 멋있는 음악이 만들어질 수는 있겠지만 초보자가 만들기는 쉽지 않다. 그래서 스트링을 이용하면 비교적 적은 노력으로도 여러 상황에서 활용할 수 있는 음악을 만들 수 있다.

## 1. 스트링을 이용한 음악 만들기

우선은 멜로디가 있어야 하는데 본인이 만든 멜로디를 이용해도 상관없고 찬송가를 이용해도 상관없다, 여기서는 누구나 아는 애국가를 이용해서 음악을 만들어 보겠다.

트랙을 만들고 악기를 선택하기 위하여 살펴본 악기들 설명처럼 오케스트라에서 사용되는 스트링은 바이올린(Violin), 비올라(Viola), 첼로(Cello), 더블베이스(Double Bass)이다. 원래는 각각의 악기 트랙들을 다 만들어서 해야 하지만 초보자가 효과적으로 사용하기도 쉽지 않기 때문에 바이올린(Violin), 비올라(Viola), 첼로(Cello), 더블베이스(Double Bass)가 모두 섞여 있는 소리인 스트링 오케스트라(String Orchestra)을 이용하겠다.

스트링(Strings)에서 스트링 오케스트라(String Orchestra) 클릭

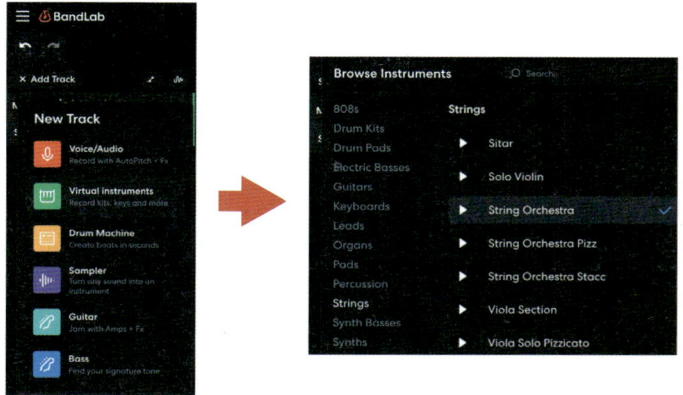

〈밴드랩 가상악기 트랙 추가 후 악기 선택〉

트랙을 만들고 리전을 생성한 후 악기까지 선택하여 음표를 입력할 준비가 다 되었다면 먼저 멜로디를 입력해 보자. 인터넷에 애국가 악보를 검색하여 보면 다른 키로 되어있는 애국가 악보들을 찾을 수 있을 것이다. 하지만 여기서는 C Key로 이루어진 애국가를 이용하겠다.

## 2. 애국가 멜로디 입력하기

〈애국가 악보〉

가끔 음표는 해당 음 높이와 길이만큼 넣어주면 되는데 쉼표는 어떻게 입력하는 것인지 묻는 사람들이 있다. 쉼표는 해당 부분에 아무것도 입력하지 않으면 된다.

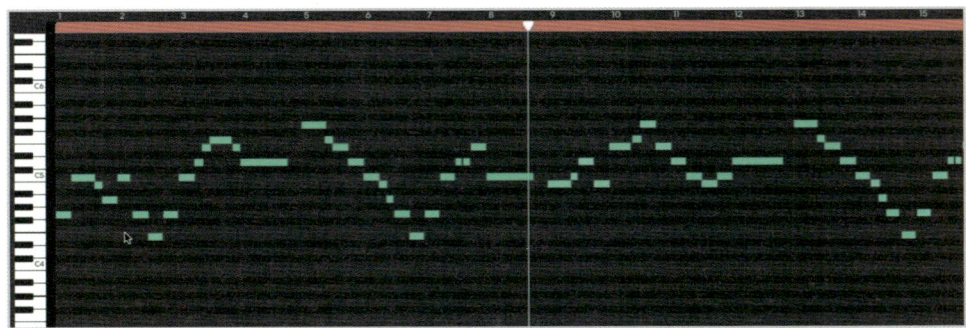

〈애국가 멜로디를 입력한 모습〉

멜로디를 다 입력하였다면 꼭 처음부터 들어보기를 바란다. 실수한 부분이 나올 수도 있기 때문이다. 음악작업 후 혹시 틀린 부분이 없는지 귀로 들어보는 과정은 중요하다.

### 3. 애국가 멜로디에 화음 만드는 첫 번째 방식

멜로디가 완성이 되었다면 이제 멜로디 밑에 부분도 넣어보자. 코드나 화음을 이용할 때는 제일 상단부가 멜로디의 역할을 하는 것도 알아두자. 첫 4마디는 코드의 구성음을 그대로 이용하면 된다. 4마디 안에 나오는 코드와 구성음은 C(도, 미, 솔), F(파, 라, 도), G(솔, 시, 레), Dm(레, 파, 라)이다.

〈1~4마디〉

① 악보에서 C코드가 나오는 부분은 아래부터 도, 미, 솔 입력
② 악보에서 F코드가 나오는 부분은 아래부터 파, 라, 도 입력
③ 악보에서 G코드가 나오는 부분은 아래부터 솔, 시, 레 입력
④ 악보에서 Dm코드가 나오는 부분은 아래부터 레, 파, 라 입력

보통 한 마디에 코드가 1개 들어갈 때는 4마디처럼 첫 박에서 시작하고 한 마디에 2개 들어갈 때는 3마디처럼 1박과 3박에 위치한다. 그런데 이 악보에서는 1마디의 C코드가 2박에서 시작하고 2마디도 C코드가 2박에서 시작한다. 이럴 때는 코드의 위치를 멜로디와 잘 어울리게 바꾸어도 된다. 그래서 1마디의 1박부터 C코드로 시작하고 4박의 F코드는 2마디 2박의 C코드가 나오기 전 2마디 1박까지 유지되게 입력해보자.

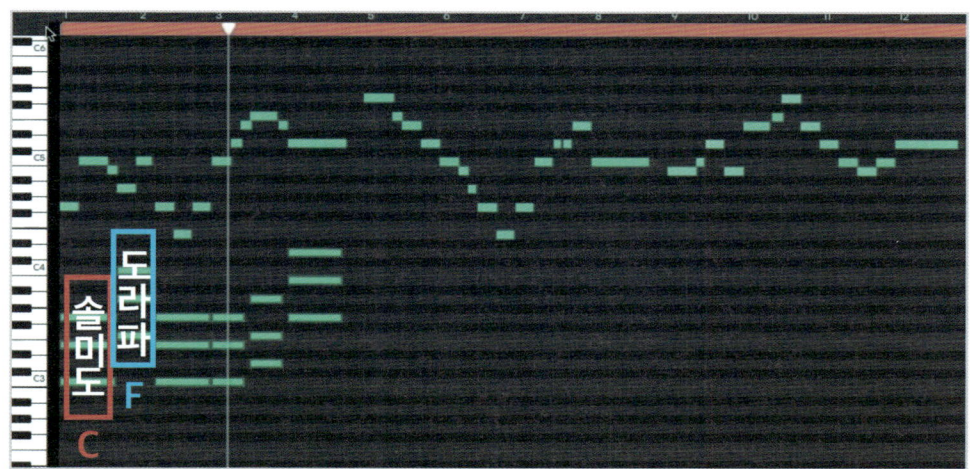

〈멜로디에 코드를 추가하는 방법〉

만약에 미디 에디터의 가로 길이를 확대하거나 축소하고 싶다면 미디 에디터 오른쪽 상단에 있는 확대·축소를 이용하면 된다.

〈미디 에디터 확대 · 축소〉

5~16마디까지 새로운 코드와 주의할 점은 보이지 않는다. 1~4마디 입력 방법과 같은 방법으로 입력하면 된다.

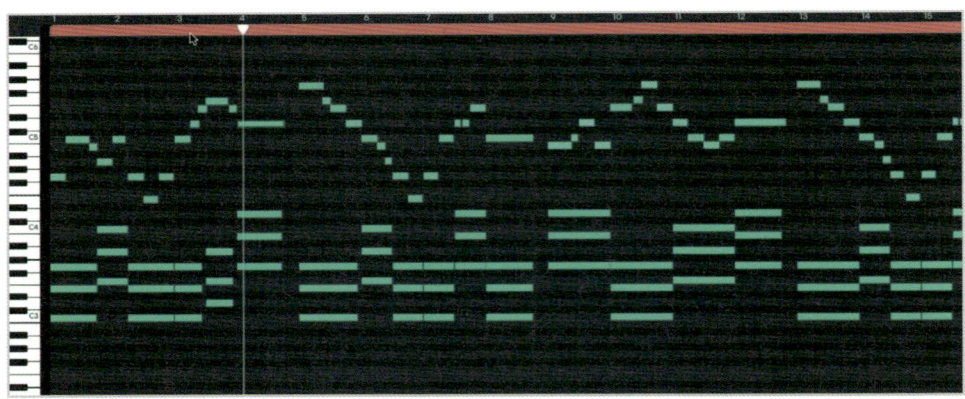
〈16마디까지 입력 화면〉

이러한 방법으로 멜로디와 함께 코드를 입력하는 것이 가장 쉬운 방법이다. 피아노와 함께 스트링은 반주로도 많이 사용되며 별 다른 악기 추가 없이 동영상 배경음악으로 사용하여도 효과가 좋다.

## 4. 애국가 멜로디에 화음 만드는 두 번째 방식

이번에는 조금 다른 방법으로 코드를 넣어보자. 멜로디와 코드는 동일한 예제를 사용한다.

멜로디에 바로 밑에 차례대로 코드음을 추가하는 방식이다. 그리고 멜로디와 같은 길이로 화음을 쌓아주는 방식이다. 우선 1마디의 멜로디는 '솔', '도', '시', '라' 이며 C코드 부분의 멜로디는 '솔', '도', '시' 이다.

〈1~4마디〉

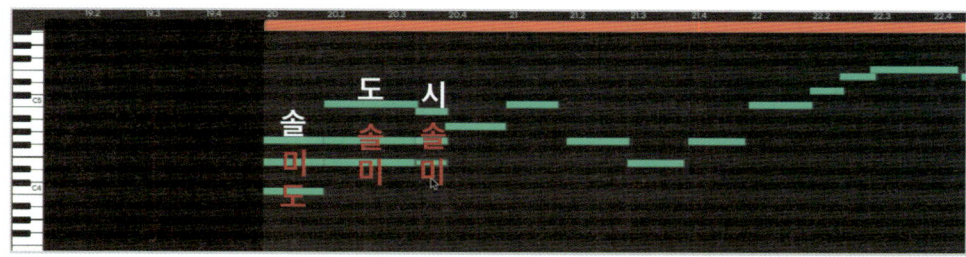

〈멜로디에 코드를 추가하는 방법2〉

① '솔' 밑에 '미', '도' 추가
② '도' 밑에 '솔', '미' 추가
③ '시' 밑에 '솔', '미' 추가

멜로디가 코드음이라면 바로 밑 코드음부터 추가하면 되지만 3번째 음과 같이 코드음이 아닌 경우에는 바로 밑에 올 수 있는 코드음부터 추가하면 된다. 그럼 1마디의 마지막 멜로디 음 '라'의 경우에는 어떻게 해야 할까? F코드에 속해 있고 F코드의 구성음은 '파', '라', '도'이다. 따라서 멜로디가 '라'이니까 '파', '도'의 순서대로 추가하면 된다. 이와 같은 방법으로 계속 입력하면 아래 그림과 같이 입력하면 된다.

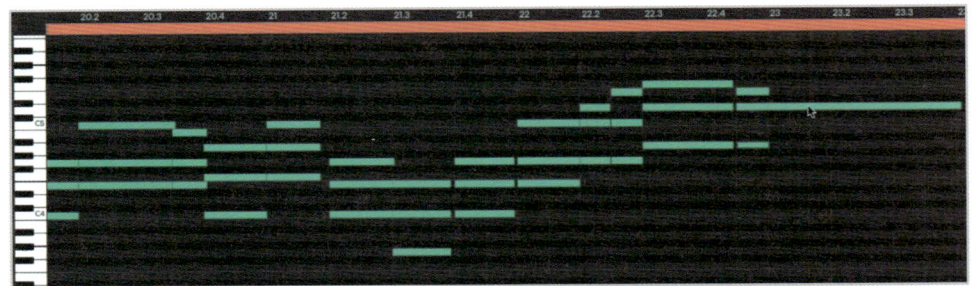

〈멜로디 아래 차례대로 코드를 입력하는 방식〉

이러한 방식으로 멜로디와 코드를 만들었다면 마지막으로 베이스를 만들어주면 된다. 베이스를 만들어 주는 방식은 코드의 구성음 중 맨 밑에 음을 사용하면 된다. C코드 '도', F코드 '파', G코드 '솔', Dm코드는 '레'를 입력하면 된다. 주의할 점은 멜로디 밑으로 코드를 사용할 때 멜로디와 같은 길이로 화음을 만든 것과 다르게 베이스는 코드의 길이만큼 유지하면 된다. 아래 그림과 같이 베이스를 완성해나가면 된다.

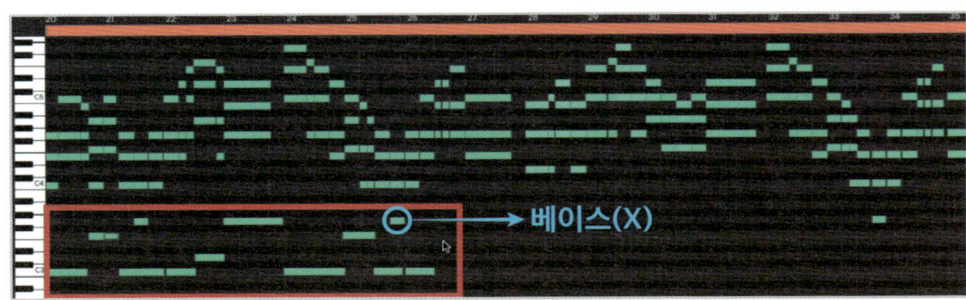

〈베이스 추가〉

빨간색 부분은 베이스를 따로 입력한 부분이다. 그런데 베이스가 아닌 부분도 있다. 위의 멜로디가 급격하게 하행하면서 베이스가 주로 나오던 음역대와 겹치기 때문이다. 그래서 그 부분은 그 음 밑 아래쪽으로 베이스가 위치해 있는 것이니 착각하지 말 것이며, 위의 상황처럼 주 베이스 음역대를 코드 구성음이 침범한다면 그 부분의 베이스를 더 아래쪽으로 만들어 주면 된다.

# 16 오디오(Audio)

오디오 샘플을 이용하는 방법은 무척 편리하다. 오디오 샘플이라는 것은 실제 있는 소리를 녹음 받았거나 인위적인 소리라도 전문가가 에디팅 작업을 마친 소리이기 때문에 퀄리티도 보장 받을 수 있으며 간단한 편집으로 사용할 수 있기 때문이다.

## 1. 밴드랩 사운드(BandLab Sounds)

밴드랩에 내장되어 있는 오디오 샘플들을 사용하는 방법에 대하여 알아보자.
밴드랩 화면 우측 하단부의 밴드랩 사운드(BandLab Sounds) 클릭

〈밴드랩 사운드〉

밴드랩 사운드를 클릭하면 밴드랩 사운드 창이 열리면서 여러 앨범들의 모습을 볼 수 있다. 각각의 앨범들은 전부 다른 음악이다. 각 앨범 밑에는 곡 제목과 음악 장르가 표기되어 있으며 앨범의 가운데 부분으로 마우스 포인터를 옮기면 재생버튼이 표시된다. 앨범의 가운데 영역인 재생버튼을 클릭하면 앨범의 소리를 들을 수 있고 재생버튼 외의 영역을 클릭하면 그 앨범에서 사용된 사운드 샘플을 이용할 수 있는 창이 열린다.

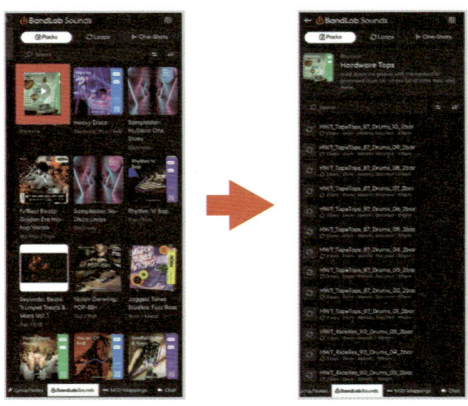

〈밴드랩 사운드 앨범 창〉

## 2. 밴드랩 사운드 기능 설명

밴드랩 사운드의 상단 부분을 보면 [Packs], [Loops], [One-Shot]의 메뉴가 있다.

〈밴드랩 사운드 메뉴〉

- Packs : 여러 앨범과 앨범 클릭시 그 앨범에서 사용된 사운드들이 포함되어 있다.
- Loops : 앨범에서 사용된 루프를 볼 수 있다. 루프라는 것은 계속 반복되는 형태로 사용할 수 있게 만든 사운드를 뜻한다.

- One-Shot : 루프와 반대 개념이다. 일회성으로 사용할 수 있게 만들어진 사운드이지만 반복적으로 사용하여도 상관 없다.

### 3. 밴드랩 사운드 샘플의 특징과 검색 방법

각 메뉴들을 클릭하면 해당하는 사운드 샘플들을 볼 수 있다.

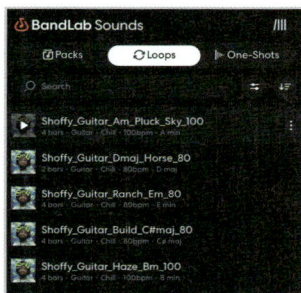

〈밴드랩 사운드의 사운드 샘플들〉

사운드 샘플을 조금 더 쉽게 검색하는 방법이 있다. 밴드랩 사운드의 검색 창 옆에 부분을 클릭하면 악기(Instrument), 장르(Genre), 특성(Character), 빠르기(BPM), 조성(Key)으로 검색할 수 있다.

〈밴드랩 사운드 검색창〉

악기(Instrument)를 클릭하면 악기군이 나타난다. 베이스(Bass), 신스(Synth), 드럼(Drum), 타악기(Percussion), 비트(Beat), 기타(Guitar), 효과(FX), 건반(Keyboard), 목소리(Voice), 샘플(Sample), 하이 햇Hi-Hats), 킥(Kick), 피아노(Piano), 패드(Pad), 스네어(Snare), 리드(Lead), 분산화음(Arp, 아르페지오), 현악기(Strings), 금관(Brass), 목관(Woodwinds), 필(Fill), 클랩(Claps), 코드(Chord), 심벌(Cymbal)로 이루어진 창이 나타나며 찾고 싶은 악기군을 클릭하면 해당하는 악기군의 악기 목록이 나타나서 원하는 악기를 쉽게 검색할 수 있다.

〈밴드랩 사운드 악기 검색〉

장르(Genre)를 클릭하면 여러 가지 스타일의 음악장르가 나타난다. 일렉트로닉(Electronic), 팝 / 알엔비(Pop / RnB), 힙합 / 트랩(Hip Hop / Trap), 리드믹(Rhythmic), 글로벌(Globa), 록 / 메탈(Rock / Metal), 로우파이(Lo-fi), 클래식(Classics), 효과(FX), 필름과 사운드트랙(Film and Soundtrack), 포크(Folk), 재즈(Jazz), 블루스(Blues), 발리우드(Bollywood), 펑크(Funk)로 되어 있으면 원하는 장르를 클릭하면 된다.

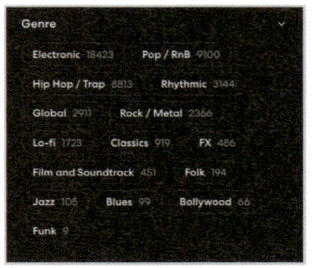

〈밴드랩 사운드 장르 검색〉

특성(Character)을 클릭하면 업비트(Upbeat), 인텐스(Intense), 브라이트(Bright), 칠(Chill), 무디(Moody), 오르가닉(Organic), 다크(Dark), 레트로(Retro), 메탈릭(Metallic), 디스토트(Distorted), 리버스(Reversed)로 음악적 느낌을 표현한 구분으로 되어있으며 원하는 특성을 클릭하면 된다.

〈밴드랩 사운드 특성 검색〉

빠르기(BPM)을 클릭하면 원하는 빠르기 내에 해당하는 사운드를 찾을 수 있다. 좌측의 최저 빠르기와 우측의 최고 빠르기를 지정한 후 Apply를 클릭하면 된다.

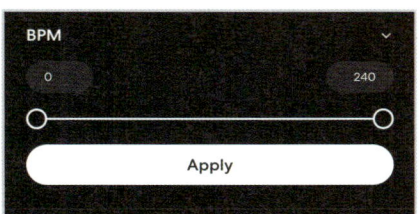

〈밴드랩 사운드 빠르기 검색〉

조성(Key)을 클릭하면 원하는 조성을 가진 사운드를 찾을 수 있다. 먼저 장조(Major)와 단조(Minor)를 선택한 후 원하는 키를 클릭하면 된다.

〈밴드랩 사운드 조성 검색〉

사운드 샘플의 이름을 이용하여 검색하는 방법도 있다.

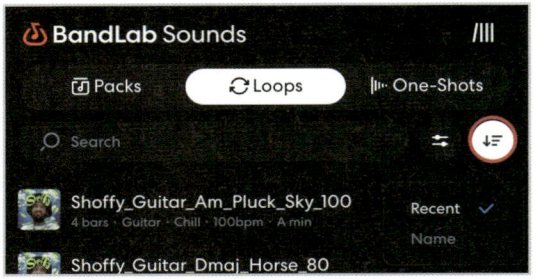

〈밴드랩 사운드 이름 검색〉

## 4. 밴드랩 사운드 사용방법

각 사운드를 클릭하면 소리를 들어볼 수 있고 원하는 소리가 있다면 더블클릭을 하거나 Drop a Loop an audio/MIDI/video file이라고 되어 있는 부분으로 드래그해서 옮기면 파란색 부분처럼 새로운 Voice/Audio 트랙이 생성 되면서 그 트랙 위에 사운드 샘플이 놓여지는 것을 볼 수 있다.

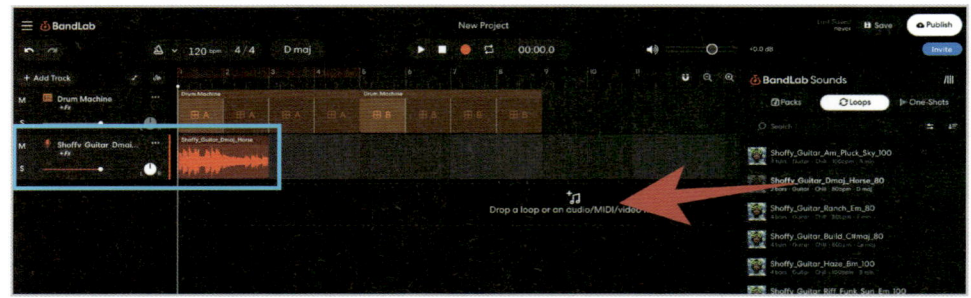

〈사운드 샘플 사용방법〉

또 다른 방법으로는 Add Track으로 Voice/Audio 트랙을 먼저 생성한 후 원하는 사운드 샘플을 생성된 Voice/Audio 트랙 위로 드래그하면 된다.

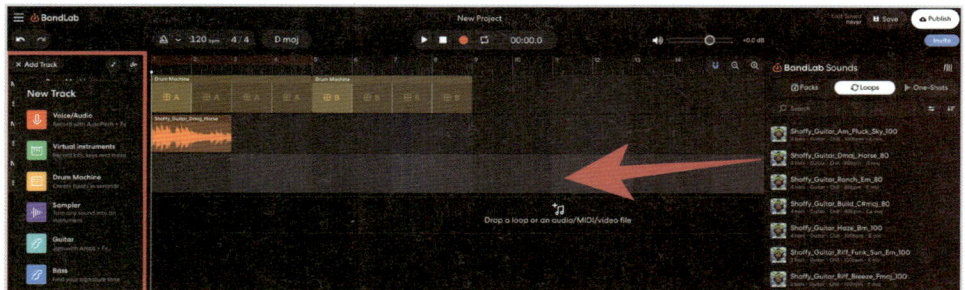

〈Voice/Audio 트랙 생성방법과 사운드 샘플 이동〉

사운드 샘플 이용 시 다음과 같은 안내창이 뜰 수 있다. 안내창의 내용은 지금 하고 있는 작업의 조성이 D major로 되어 있으니 그 키에 맞춰 사운드 샘플도 음정 변화를 시키겠냐고 물어보는 것이다. 일반적으로 같은 작업에서는 모든 악기의 조성을 똑같이 하는 것이 맞기에 Set 부분을 클릭하면 된다.

〈사운드 샘플 키 변경〉

지금 하고 있는 작업의 키를 확인하거나 바꾸고 싶다면 다음 부분을 확인하면 된다.

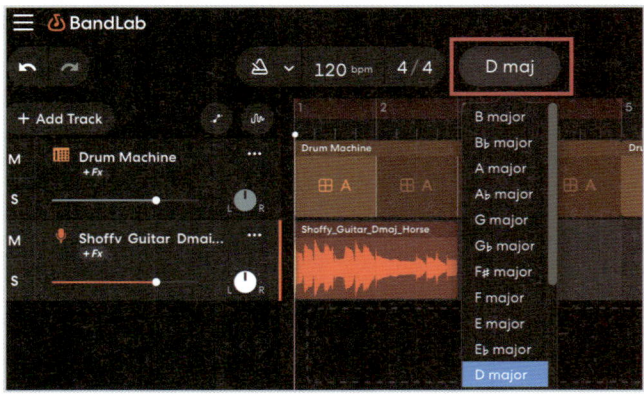

〈밴드랩 전체 키 변경〉

## 5. 밴드랩 사운드를 사용하기 위한 오디오 기능

### 1) 타임 스트레치(Time Stretch)

타임 스트레치(Time Stretch) 기능은 오디오 파일의 길이를 늘리거나 줄이는 기능이다. 예를 들어 1배속으로 되어 있는 소리를 3배속으로 빨리 재생한다면 템포가 빨라지며 음정은 올라갈 것이다. 그리고 그만큼 파일의 시간적 크기는 줄어들게 된다. 그래서 지금 하고 있는 작업의 BPM과 다르더라도 타임 스트레치 기능을 이용하면 다른 BPM으로 녹음된 소리도 사용이 가능하다, 타임 스트레치 기능은 오디오 파일에만 적용이 된다.

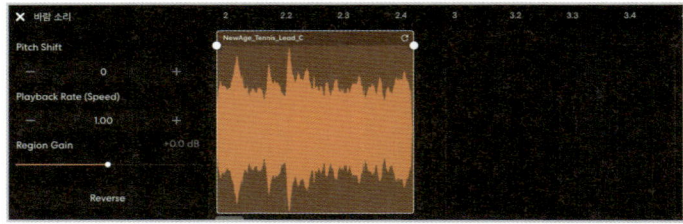
〈원본 오디오 파일〉

원본 오디오 파일 오른쪽 가장자리를 드래그하면 다음과 같이 파일의 크기는 늘어나지만 원본 파일만큼만 소리가 들어가 있을 뿐이다.

〈원본 오디오 파일〉

Add Tracks 옆쪽에 있는 Activate Region Stretch Mode를 활성화 시켜보자.

〈Activate Region Stretch Mode〉

Activate Region Stretch Mode를 활성화 시킨 후에 오디오 파일을 늘려보면 아래와 같이 변하는 것을 볼 수 있다.

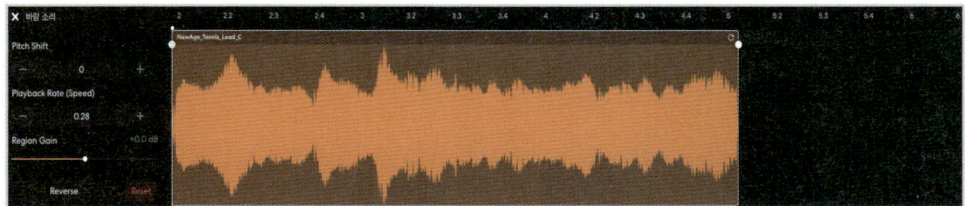

〈타임 스트레치 기능 사용〉

소리가 없는 빈공간이 늘어나는 것이 아니고 실제적으로 소리의 재생 시간이 늘어나는 것을 알 수 있다. 오디오 파일을 이용하여 편집할 때 굉장히 많이 사용하게 되는 기능이다.

## 2) Voice/Audio 트랙의 Input 설정

보이스/오디오 트랙은 새로운 녹음을 하거나 이미 만들어진 음악 파일 또는 사운드 샘플을 이용하여 만들 때 사용하는 트랙이다. 보이스/오디오 트랙을 생성하면 하단부에 아래와 같은 창이 활성화 된다.

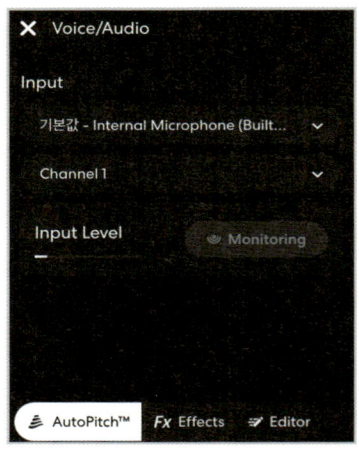

〈Voice/Audio 트랙의 Input 설정부분〉

위 그림에서 인풋(Input)의 기본값이라고 되어 있는 부분은 컴퓨터나 오디오 인터페이스에서 마이크를 담당하는 인풋을 선택하는 부분이다. 채널(Channel)은 인풋의 채널을 선택하는 부분이다. 모노(Mono)로 녹음을 받는다면 채널1 또는 채널2로 받으면 되고 스테레오(Stereo)로 녹음을 받는다면 채널1+2로 선택하면 된다. 인풋 레벨(Input Level)은 마이크로 녹음되고 있는 소리의 크기를 나타낸다. 모니터링(Monitoring)은 마이크로 얼마만큼 크기의 소리가 들어오고 있는지 모니터링 하는 기능이다.

사운드 샘플은 원본 그대로 사용하여도 되지만 작업자의 의도대로 에디팅을 하고 싶다면 하단부의 메뉴들을 이용하면 된다. 먼저 소리의 변화를 주고 싶은 보이스/오디오 트랙을 선택한후 솔로(Solo) 버튼을 클릭하고 밴드랩 화면 좌측 하단부의 오토피치(AutoPitch)를 클릭한다.

## 3) AutoPitch

오토피치(AutoPitch)는 자동으로 음정을 맞춰주는 기능이다. 이 기능을 활용하면 오토튠 효과를 낼 수도 있다. 밴드랩 화면 하단부의 오토피치를 클릭한다.

〈오토피치 선택 부분〉

오토피치를 클릭하면 아래와 같은 오토피치 설정 창이 나타난다.

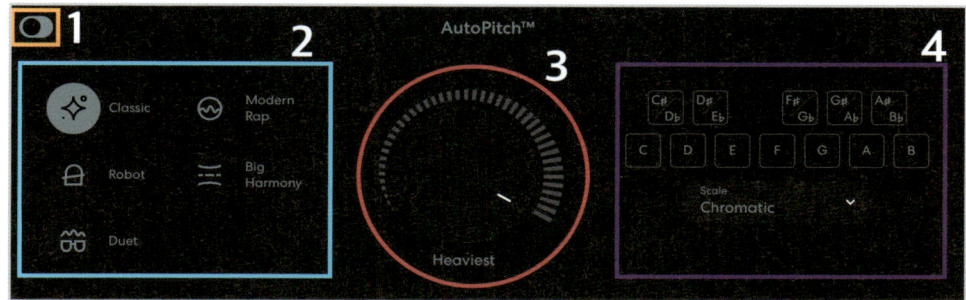

〈오토피치 설정 메뉴〉

🔊 오토피치 기능

① 오토피치 기능을 활성화하는 부분이다.
② 소리에 변조를 주는 기능이다. 원하는 효과를 클릭 후 사용하면 된다.
③ 2번에서 선택한 효과의 양을 선택하는 부분이다.
④ 음정을 조절하는 부분이다. 소리의 음정을 보여주기도 하고 변화 시킬 수도 있다. Scale에서 지금 사용하고 있는 음계(Scale)를 선택하면 그 음계에 맞춰서 음정을 보정하여 준다. 하지만 지금 사용하고 있는 음계와 많이 다른 음계를 선택하게 되면 자동으로 음정을 보정하려고 하면서 오토튠의 효과가 생기기도 한다.

## 4) FX Effects

FX 효과(FX Effects)는 전자 기타에 거는 여러 가지 효과들과 목소리에 거는 효과 등 소리에 여러 가지 효과를 넣는 기능이다. 밴드랩 화면 하단부의 FX Effects를 클릭한다.

〈FX 효과 선택 부분〉

Add Effect를 클릭하면 여러 가지 효과들을 선택하는 창이 나타난다.

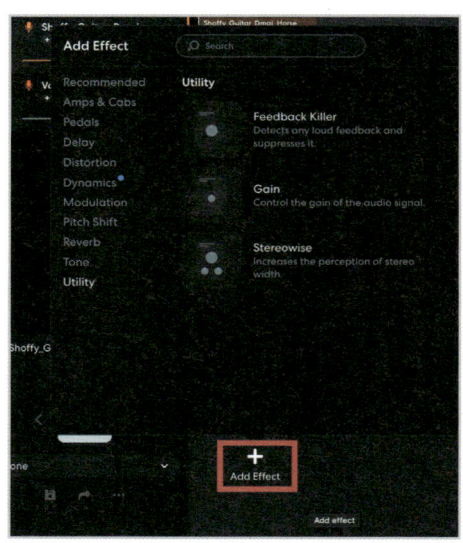
〈이펙트 추가〉

🔊 FX Effect 종류

- **Amps & Cabs** : 기타에 사용되는 Amp와 Cabinet 효과이다.
- **Pedals** : 기타에 사용되는 Pedal 효과이다.
- **Delay** : 소리를 잠시 지연시켰다가 내보내는 효과이다.

- Distotion : 소리의 변형과 왜곡을 통해 일그러진 소리를 만드는 효과이다.
- Dynamics : 음량에 관련된 부분을 조정하는 효과이다.
- Modulation : 원래 소리에다가 변조를 주는 효과이다.
- Pitch Shift : 음의 높이를 올리거나 내리는 효과이며 사용 방법에 따라서 음이 떨리는 효과나 화음을 만들어주는 기능을 하기도 한다.
- Reverb : 소리가 울리는 듯한 효과이다.
- Tone : 소리의 톤을 변화 시키는 효과이다.
- Utility : 피드백 소리 억제, 오디오 시그널 설정, 스테레오 확산감과 같은 효과들을 설정할 수 있다.

위의 방법처럼 개별적으로 필요한 이펙트를 하나씩 더하여 사용하는 방법도 있지만 이미 여러개의 조합으로 만들어진 이펙트를 사용하는 방법도 있다. 빨간색 부분의 FX Preset을 이용하는 방법이다. 좌우의 화살표를 클릭하면 조합 되어진 이펙트를 사용하는 방식이다.

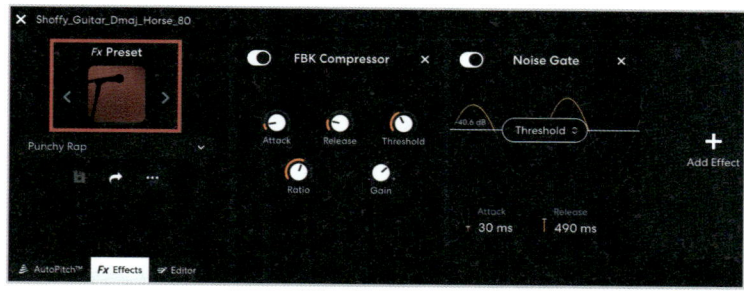

〈FX Preset〉

그리고 프리셋을 선택하는 또 다른 방법도 있다. 빨간색 부분을 클릭한 후 선택하여 사용하면 된다.

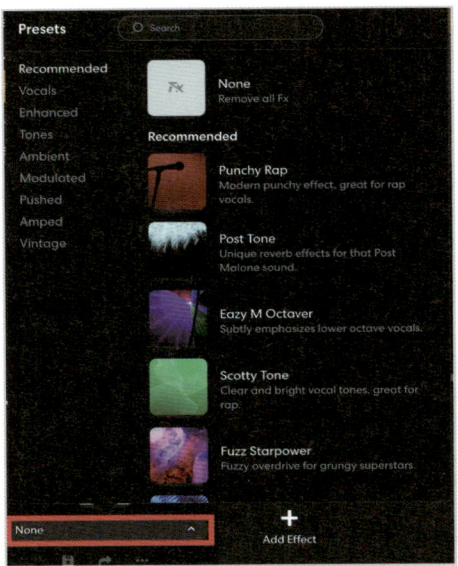

⟨FX Preset 선택 창⟩

이펙트 부분에는 일반적으로 DAW에서 많이 사용하는 효과들이 있는데 주로 기타에 거는 효과들과 목소리에 주로 사용하는 효과들이다. 하지만 어떠한 악기에 사용해도 상관없다. 그리고 이펙트는 워낙에 종류도 많고 이펙트 조합에 따라서 소리의 차이가 많이 발생하며 소리를 설정하는 부분이기에 말로 설명하기는 쉽지가 않다. 따라서 각 개별적인 설명보다는 대략적인 이펙터의 개념을 알고 직접 소리들 들어보면서 사용하는 것을 추천한다.

## 5) Editor

에디터(Editor)는 오디오 파일들을 편집할 때 가장 많이 사용한다. 기본적으로 여러 사운드 샘플들을 조합하여 사용할 때 가장 많이 발생하는 어려움은 서로 키가 맞지 않는 경우와 템포의 다름이다. 현재 작업하는 곡에 맞게 오디오 파일들을 설정하는 기능이 에디터이다. 밴드랩 화면 하단부의 Editor를 클릭한다.

⟨Editor 선택 부분⟩

에디터의 메뉴를 살펴보자.

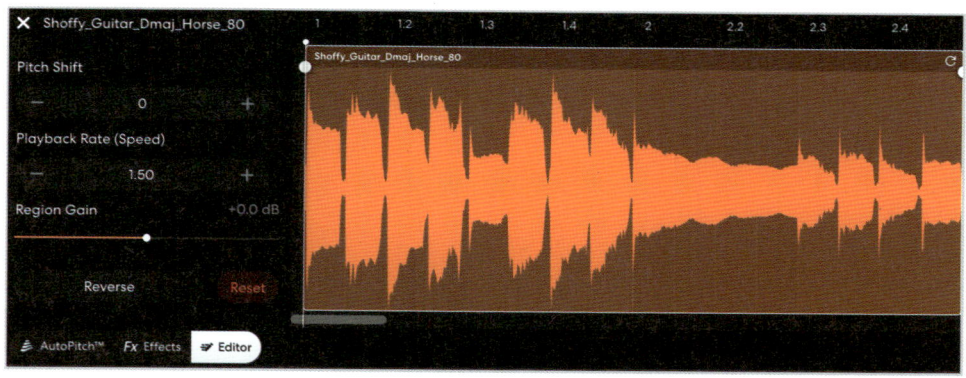

⟨Editor 화면⟩

🔊 Editor의 기능

- **Pitch Shift** : 오디오 파일의 음정을 바꿀 때 사용한다. +를 클릭하여 1이 높아질 때마다 반 키씩 음정이 올라가며 −를 클릭하여 −1이 될 때마다 반키씩 음정이 내려간다.

- **Playback Rate(Speed)** : 오디오 파일의 재생 속도를 조절한다. +와 −로 오디오 파일의 속도를 조절하여 작업 중인 곡에 맞게 사용하면 된다.

- Region Gain : 오디오 파일의 소리 크기를 조절한다.
- Reverse : 오디오 파일을 거꾸로 재생하는 기능이다.
- Reset : 오디오 파일을 보정하다가 초기 상태로 되돌리기를 원할 때 사용한다.

## 6) Fade In과 Fade Out

Fade In은 음악이 시작될 때 볼륨이 서서히 커지는 것이며 Fade Out은 음악이 끝날 때 볼륨이 서서히 줄어드는 효과이다. 오디오 파일의 시작점과 끝나는 지점의 포인터를 움직이면 된다.

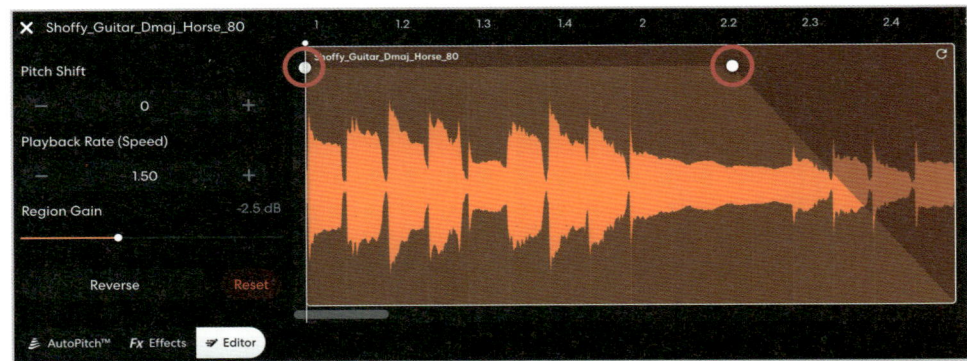

〈Fade In과 Fade Out〉

# 17 샘플러(Sampler)

오디오 파일들을 악기처럼 조합하여 사용하는 기능이다. 시중에서 구할 수 있는 사운드 샘플이나 음악 파일들도 사용이 가능하고 녹음하여 사용하는 것도 가능하다. 그러나 밴드랩에서 이미 여러 가지 사운드 샘플들로 프리셋(Preset)을 제공하여 더욱 편리하게 사용할 수 있다. 샘플러 트랙 여러 개를 사용하면 샘플러 트랙만으로도 음악을 만드는 것이 가능하다. 하지만 미디와 오디오 작업을 한 후 샘플러를 이용하여 추가 작업을 한다면 완벽하면서도 화려한 사운드를 만들 수 있을 것이다.

Add Track을 이용하여 샘플러 트랙을 생성

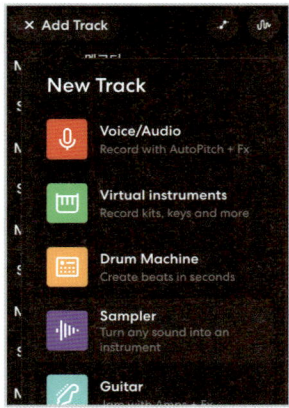

〈샘플러 트랙 선택 화면〉

샘플러 트랙을 생성하면 밴드랩 하단부에 다음과 같은 화면을 볼 수 있다.

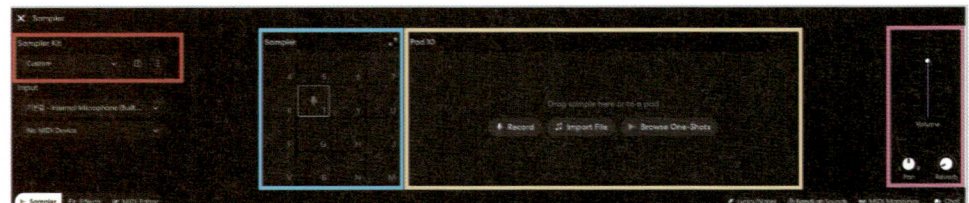

〈샘플러 화면〉

## 1. 샘플러의 기능

- **Sampler Kit** : 샘플러에 사용할 소리 프리셋을 선택할 수 있다.
    - Custom : 사용자가 임의대로 사운드 조합을 할 때 사용한다.
    - Curated Kit : 프리셋으로 준비되어 있는 조합들을 사용한다.
- **Sampler** : 피아노의 건반과 같은 역할을 한다. 각각의 칸에 원하는 소리를 지정하고 악기처럼 사용하는 방식이 샘플러의 기본사용 방식이다.
- **Pad** : 샘플러에서 사용할 사운드 소스들을 담은 곳이다. 파란색 부분의 칸을 먼저 지정하고 노란색 부분으로 그 칸에서 사용할 사운드 소스를 드래그하면 된다.
- **Volume** : 샘플러의 전체적 볼륨을 조절하는 기능
- **Pan** : 샘플러의 소리 방향을 조절하는 기능
- **Reverb** : 샘플러의 소리에다가 잔향을 추가하는 기능

샘플러 킷(Sampler Kit)에서 프리셋을 골라보자. Sampler Kit - Curated Kit을 선택하면 다양한 프리셋을 선택할 수 있다.

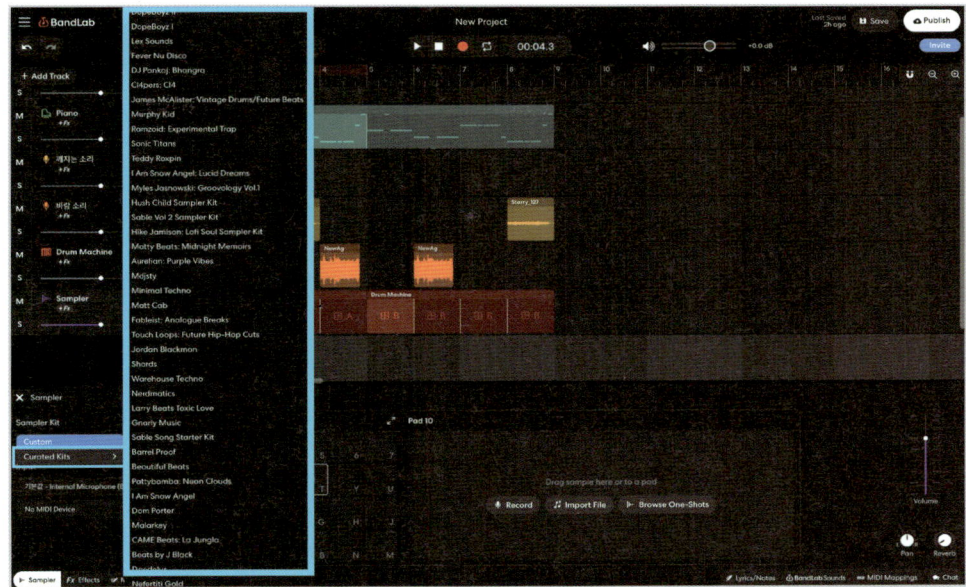

〈Curated에 있는 프리셋들〉

프리셋들의 소리들을 미리 들어볼 수 있으면 좋겠으나 아쉽게도 그러한 기능은 없다. 1개의 프리셋 안에도 여러 소리가 들어있기 때문이다. 아무거나 골라보자.

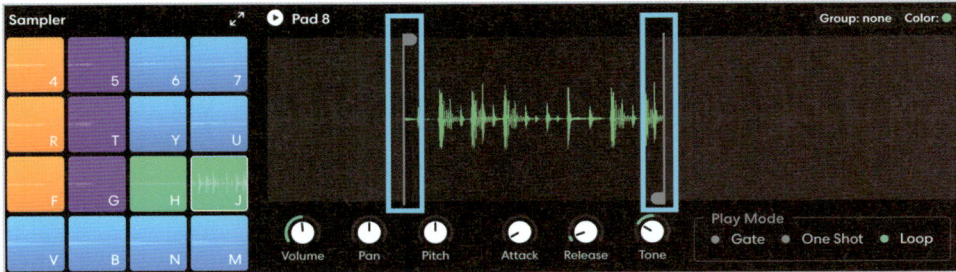

〈샘플러에 프리셋이 적용된 모습〉

샘플러의 각각의 칸에 소리들이 들어가 있는 것이 보인다. 키보드에서 해당하는 숫자나 알파벳을 누르면 단축키에 지정되어 있는 소리를 들을 수 있다. 물론 클릭하여 듣는 것도 가능하다. 그리고 이미 삽입되어 있는 소리의 재생 시작지점과 끝 지점도 설정 할 수 있다. 파란색 바를 움직여서 재생 시작지점과 끝 지점을 재조정하면 된다.

## 2. Pad의 기능

- **Volume** : 각 칸에 해당되어 있는 소리의 볼륨을 조절할 수 있다.
- **Pan** : 각 칸에 해당되어 있는 소리의 방향을 조절할 수 있다.
- **Pitch** : 각 칸에 해당되어 있는 음정을 변화 시킬 수 있다.
- **Attack** : 소리가 시작되어 최고조가 되기까지의 시간을 설정할 수 있다. Attack이 왼쪽으로 되어 있으면 단축키를 누르자마자 바로 소리가 나며 오른쪽으로 되어 있으면 천천히 소리의 크기가 커진다.
- **Release** : 소리가 사라지기까지의 시간이다. Release가 왼쪽으로 되어 있으면 단축키를 띄자마자 소리가 사라지고 오른쪽으로 되어 있으면 천천히 사라진다.
- **Tone** : 소리의 주파수를 걸러주어서 음색의 변화를 일으킨다. Tone이 왼쪽으로 되어 있으면 저음만 통과되어 고음이 사라지고 오른쪽으로 되어 있으면 고음만 통과되어 저음이 사라진다.

## 3. Play Mode의 기능

- **Gate** : 단축키를 누르고 있는 순간만 소리가 재생된다.
- **One Shot** : 단축키를 누르면 무조건 소리가 처음부터 끝까지 재생된다.
- **Loop** : 단축키를 누르고 있는 순간 동안에는 소리가 끝까지 재생되었다고 하더라도 계속 반복 재생이 된다.

샘플러의 Pad와 Play Mode의 기능들은 샘플러에 있는 모든 소리에 적용되는 것은 아니고 선택된 사운드 소스 1개에 대해서만 적용된다.

# 18 기타(Guitar)와 베이스(Bass)

## 기타(Guitar)와 베이스(Bass) 트랙의 개념과 사용 방법

기타(Guitar)와 베이스(Bass)는 일렉 기타 또는 일렉 베이스를 연결하여 직접 녹음 받을 때 사용한다. 사용법은 간단하다. Add Tracks에서 기타(Guitar) 트랙을 생성하거나 베이스(Bass) 트랙을 생성하면 된다. 트랙 생성 후 악기를 녹음하기 전에 조율을 할 수 있는 Tuner 기능을 제공한다. 녹음을 마치고 FX Effects와 Editor를 이용하여 원하는 소리를 만들면 된다.

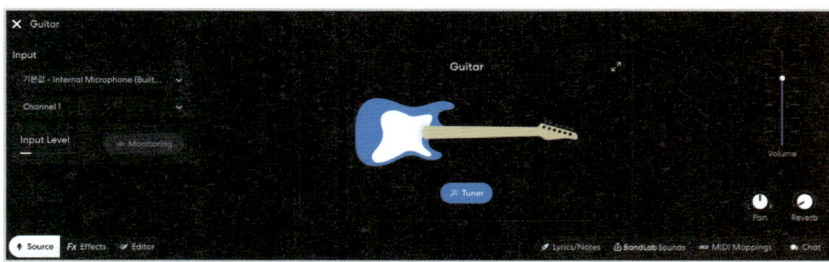

〈 기타 트랙 생성 후 〉

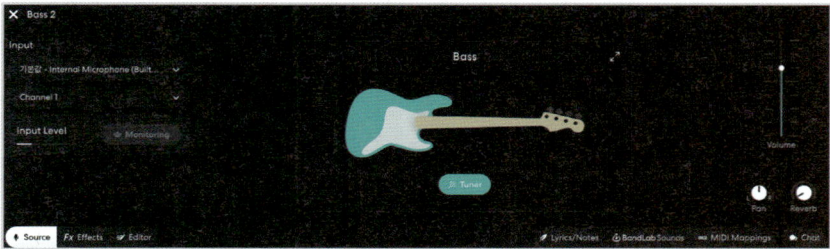

〈 베이스 트랙 생성 후 〉

# 19 오토메이션(Automation)

오토메이션이라는 기능은 볼륨(Volume)이나 팬(Pan) 에 대하여 고정된 값이 아니고 실시간적인 변화를 제어하는 기능을 뜻하며 볼륨 오토메이션과 팬 오토메이션이 있다. 만약에 1개의 트랙 내에서 음량이 점점 고조 되거나 작아지는 등의 변화가 필요할 때는 볼륨 오토메이션을 사용하면 되고 소리의 방향이 좌우로 변화가 필요할 때는 팬 오토메이션을 사용하면 된다.

## 1. 볼륨 오토메이션(Volume Automation)

Add Tack 옆쪽에 있는 Show/Hide Automation을 클릭하면 각 트랙에 흰 실선이 생긴다. 흰 실선 위에 더블클릭을 하면 점이 생성되고 그 점을 위아래로 드래그 하면 음량이 올라가거나 내려가는 것을 볼 수 있다. 물론 모든 트랙에 볼륨 오토메이션 기능을 동시 사용할 수 있으며 포인트가 되는 점을 삭제하고 싶다면 점을 더블클릭하면 삭제된다.

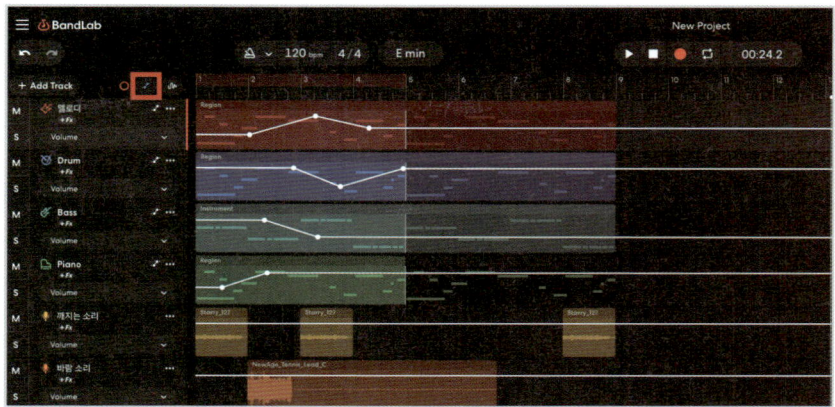

〈볼륨 오토메이션〉

## 2. 팬 오토메이션(Pan Automation)

Show/Hide Automation을 클릭한 후 Volume으로 되어 있는 부분을 Pan으로 바꿔주면 된다. 볼륨 오토메이션과 작동법은 동일하나 소리의 방향을 좌우로 바꾸는 기능을 한다.

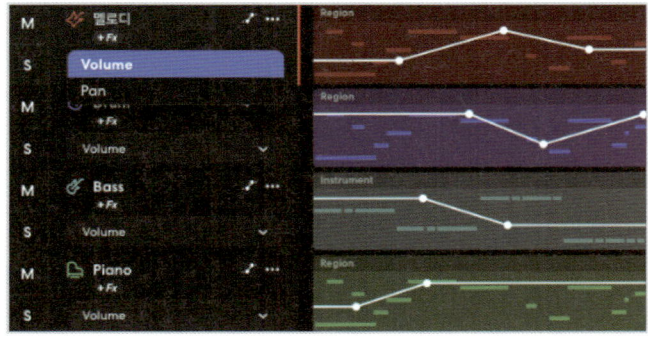

〈팬 오토메이션〉

오토메이션 작업이 끝났거나 오토메이션 표시 때문에 화면이 복잡하여 가리고 싶다면 Show/Hide Automation을 클릭하면 사라진다. 하지만 이 때에도 오토메이션 기능은 여전히 작동한다. 단지 시각적으로 보이지 않는 것일 뿐이다.

# 20 믹싱(Mixing)

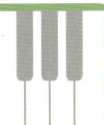

믹싱이라는 과정은 말 그대로 섞는 과정이다. 즉, 편곡이 다 끝나고 나서 모든 트랙의 소리를 혼합하는 과정이며 다이내믹, 주파수 간섭, 톤 밸런스 등을 조절하고 리버브, 딜레이, EQ, 컴프레션 등의 효과를 포함하여 밸런스를 잡는 과정이다. 여기서는 간단하게 다이내믹과 레벨 밸런스를 조절하는 법을 알아보겠다.

우선 마스터 볼륨에 대한 이해가 있어야 한다. 최종적으로 나오는 음악의 크기는 마스터 볼륨으로 정해진다. 0db가 가장 큰 소리이며 0db를 넘어서면 피크(Peak) 또는 클리핑(Clipping)이라고 하며 소리가 적정 한계를 넘어 찌그러지는 상황이 발생한다. 그래서 0db를 넘지 않으면서도 0db에 근접하는 크기로 소리의 최종크기를 정해야 한다. 그런데 가끔 음악 파일의 소리가 현저하게 작은 경우가 있다. 작업자에게 물어보면 본인은 적절하게 큰 소리로 믹싱을 하였다고 한다. 이러한 결과가 발생하는 경우는 작업자가 적절한 소리의 크기를 정하는 믹싱 또는 마스터링 과정에서 마스터 볼륨 게이지가 0db로 되는 것을 눈으로도 확인하지 않고 본인의 스피커에서 나오는 크기로만 판단했기 때문이다. 스피커의 볼륨이 크게 설정되어 있어서 큰 소리가 나온다고 하여서 그것이 적정 볼륨으로 잘 작업된 것은 아니라는 것을 잊지 말자.

## 1. 믹싱 과정

믹싱을 하기 위하여 알아두어야 할 메뉴 순서는 다음과 같다.

〈믹싱 과정〉

① 마스터 볼륨
② 개별 트랙 볼륨
③ 소리 방향(Pan)

위의 그림에서 1, 2, 3번의 순서대로 믹싱을 하게 되어 있는데 좋은 믹싱을 하기위한 방법을 알아보자.

## 2. 믹싱 테크닉

① 기준이 될 트랙을 솔로로 소리가 나오게 한 뒤 마스터 볼륨을 보면서 적절한 크기로 볼륨을 정하기
② 한 트랙씩 솔로로 소리가 나오게 하면서 각 트랙간의 적절한 소리 균형으로 밸런스 잡기
③ 모든 트랙간의 균형이 잘 맞는지 확인하기
④ Pan을 이용하여 소리의 좌우 위치 조절하기
⑤ 스피커의 볼륨을 최소로 하여도 모든 소리가 잘 들리는지, 균형이 잘 맞는지 확인하기

⑥ 스피커의 볼륨의 조금 크게 하여서 모든 소리가 잘 들리는지, 균형이 잘 맞는지 확인하기
⑦ 마스터 볼륨이 0db를 넘지 않는지 확인하기

믹싱을 하기 전에 처음부터 Pan으로 소리가 나오는 방향 즉, 좌우 위치를 정하여 놓고 작업을 하였다 하더라도 믹싱하는 과정 전에는 모두 가운데로 놓고 믹싱을 시작하자. 모든 트랙의 균형이 잘 맞았다고 생각되면 그 때 Pan을 설정하는 것을 추천한다, 왜냐하면 모두 가운데 있는 상태로 소리의 균형을 맞추는 것이 초보자의 경우 더 정확한 크기 균형감을 가질 수 있기 때문이다. 그리고 5번 과정에서 스피커의 볼륨을 최소로 하는 이유는 악기나 소리의 특성에 있어서 볼륨이 작아지면 잘 안 들리게 되는 소리들도 있기 때문이고 반대로 6번의 경우처럼 스피커의 볼륨을 조금 크게 하는 이유는 볼륨이 커지면 과도하게 튀어나오는 소리들도 있기 때문이다. 여러 가지 볼륨 크기에서도 동일하게 모든 소리가 잘 들리고 균형이 맞는지를 확인하는 것이 중요하다.

# 21 저장(Save)과 내보내기(Publish)

저장(Save)은 밴드랩을 이용하여 작업하고 있는 상태를 그대로 저장하는 기능이며 내보내기(Publish) 방식은 밴드랩에서 작업한 것을 밴드랩 사이트에 올리는 방식이다. 밴드랩 사이트에 게시함으로써 여러 사람들에게 내 음악을 들을 수 있게 하는 기능이 있으며 음악 파일로 저장하는 것도 가능하다.

## 1. 저장(Save)

작업이 끝났거나 중간마다 작업물을 저장하고 싶다면 저장(Save)을 해야 한다. 밴드랩의 상단 오른쪽에는 이 작업을 언제 마지막으로 저장 했는지에 대한 Last Saved 시간이 표시된다. 그리고 저장(Save)과 내보내기(Publish)를 할 수 있는 메뉴가 있는데 저장을 선택하면 된다.

〈저장과 내보내기 선택 메뉴〉

저장(Save)은 음악 파일로 저장되는 것이 아니고 밴드랩에서 작업한 파일을 즉 작업 상태를 저장하는 것이다.

## 2. 내보내기(Publish)

믹싱까지 모든 작업이 끝나서 웹에 저장하고 싶다면 내보내기(Publish)를 하면 된다. 내보내기를 하면 다음과 같은 창이 열린다.

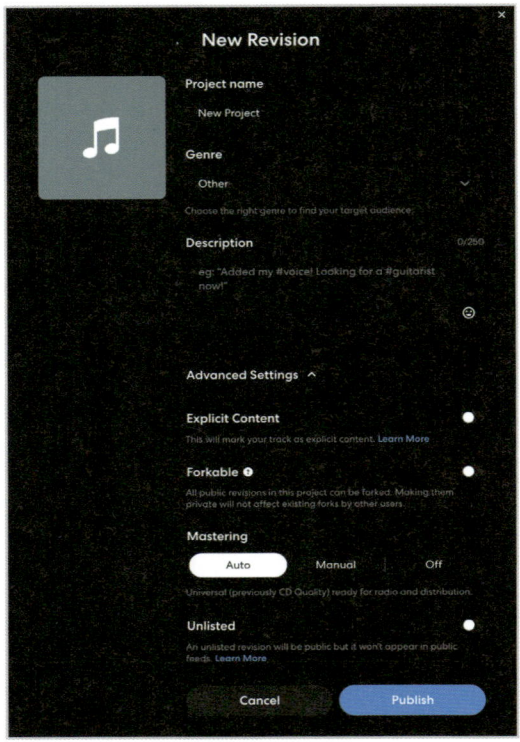

〈Publish 설정 창〉

- Project name : 프로젝트 이름을 표기
- Genre : 장르를 설정
- Description : 곡에 대한 설명을 표기(예-내 목소리 추가, 지금 기타리스트 구해요)
- Advanced Settings : 고급설정
- Explicit Contents : 노골적인 콘텐츠(트랙이 노골적인 콘텐츠로 표시됨)
- Forkable : 새로운 버전 가능(이 프로젝의 모든 공개 버전은 분기될 수 있습니다.)

- Mastering : 마스터링 선택
    - Auto(자동) : 라디오 및 배포를 위한 범용(이전 CD품질)준비
    - Manual(수동) : 트랙에 가장 잘 맞는 사전 설정 선택
    - Off(끔) : 변경 사항이 없는 원본 파일 품질
- Unlisted : 미등록(미등록 목록에 없는 리비전은 공개되지만 공개 피드에는 표시되지 않음)

프로젝트 네임(Project name)에 작업곡 이름을 작성하고 장르(Genre)를 선택한 후 필요하면 디스크립션(Description)에 설명을 표기하면 된다. 물론 선택사항이다. 그리고 고급설정에서는 마스터링에서 오토(Auto)로 설정하고 내보내기(Publish)를 하면 된다.

* **마스터링(Mastering)이란?**
믹싱과 마스터링은 거의 붙어 다니는 단어이다. 믹싱을 통하여 여러 트랙을 한 개로 합친 후에 창작자가 원하는 느낌과 충분한 소리의 크기를 확보하여 최종 결과물로 만드는 과정을 마스터링이라고 한다. 그래서 작·편곡을 통한 음악 제작의 마지막 순서는 믹싱과 마스터링이 되는 것이다. 마스터링에도 많은 숙련도와 테크닉이 필요하지만 밴드랩에서는 Auto(자동)로 사용할 수 있게 해준다.

# 22 음악 파일로 저장하기

음악 파일로 저장을 하는 방식은 2가지가 있다. 내보내기를 한 후에 하는 방식과 작업창 내에서 바로 저장하는 방식이다.

## 1. 내보내기를 이용한 음악파일 저장하기

내보내기를 하고 조금 기다리면 화면 왼쪽 하단부에 다음과 같이 프로젝트가 저장되었다고 나온다.

〈프로젝트 저장 안내〉

이 때 프로젝트 저장 안내 부분을 클릭하면 다음 화면으로 넘어간다. 화면 상단의 재생 버튼을 클릭하면 음악을 들어볼 수 있고 중간 부분의 좌측 다운로드(Download)를 클릭하면 된다. 만약에 다시 작업창으로 돌아가고 싶으면 우측 중간의 빨간색으로 되어있는 스튜디오(Studio)를 클릭하면 된다.

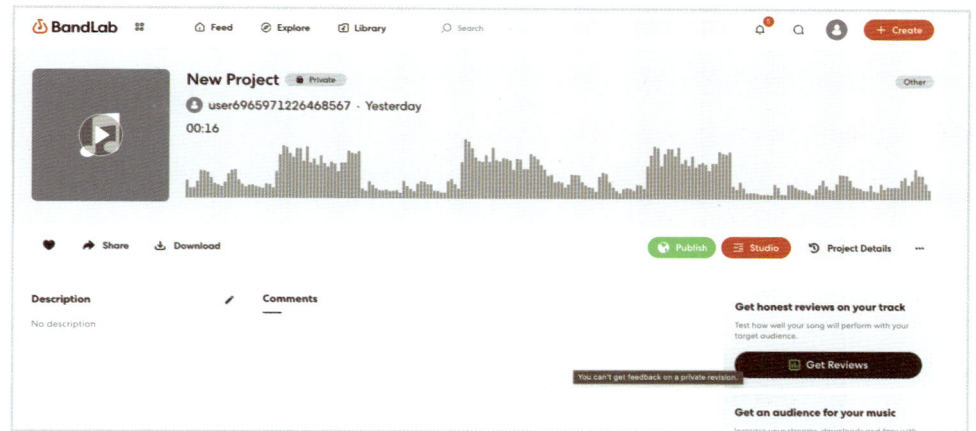

〈밴드랩 프로젝트 저장 화면〉

다운로드를 클릭하면 어떠한 파일 형태로 받을 것인가를 선택할 수 있다. 여기서 원하는 파일의 형태를 선택하면 컴퓨터에 저장이 된다.

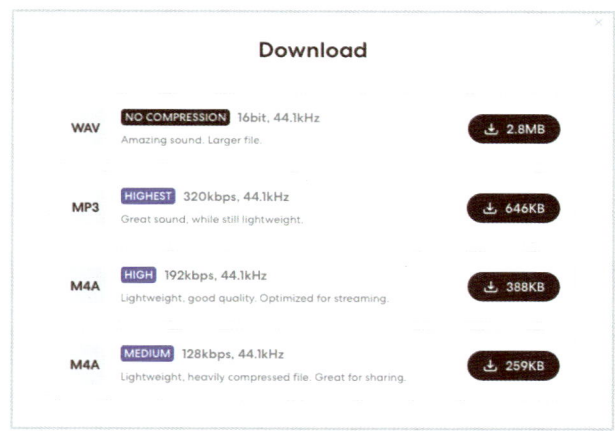

〈다운로드 선택화면〉

- WAV : 압축하지 않은 원본 크기의 파일, 용량이 제일 크다.
- MP3 : WAV 파일을 압축한 파일, 압축한 형태에서는 제일 고음질이고 용량이 크다.
- M4A(HIGH) : WAV 파일을 압축한 파일, 압축한 형태에서는 중간 음질이다.
- M4A(MEDIUM) : WAV 파일을 압축한 파일, 압축한 형태에서는 제일 낮은 음질이다.

## 2. 작업창에서 음악파일로 저장하기

밴드랩 작업창에서 바로 음악 파일로 저장하는 방식을 알아보자.

밴드랩 작업창에서 왼쪽 상단의 빨간색 부분을 클릭하면 밴드랩의 메뉴 창이 열린다. 여기서 프로젝트(Project) - 다운로드(Download)를 선택한다.

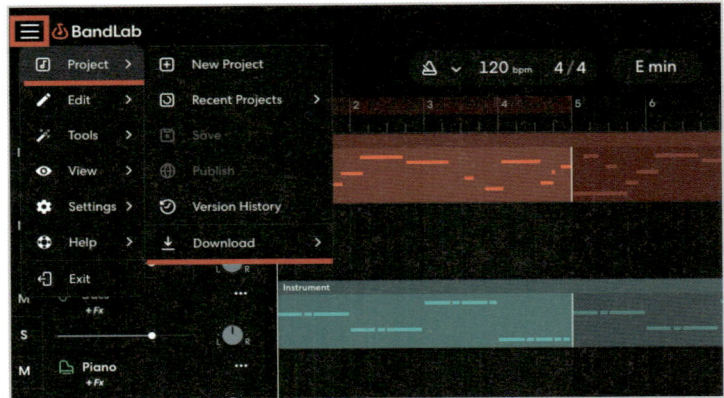

〈작업창 내 메뉴 – 프로젝트(Project) – 다운로드(Download)〉

다운로드(Download)를 선택하면 2가지의 메뉴가 있다.

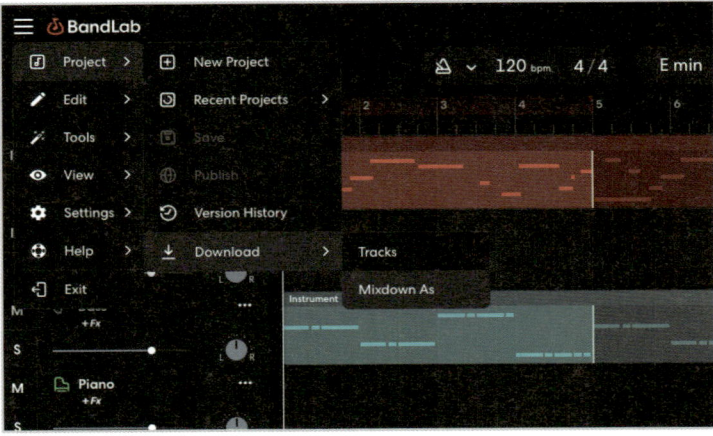

〈Tracks와 Mixdown As 선택화면〉

Mixdown As를 선택하면 내보내기(Publish)에서 봤던 메뉴와 동일한 선택 창이 나타난다.

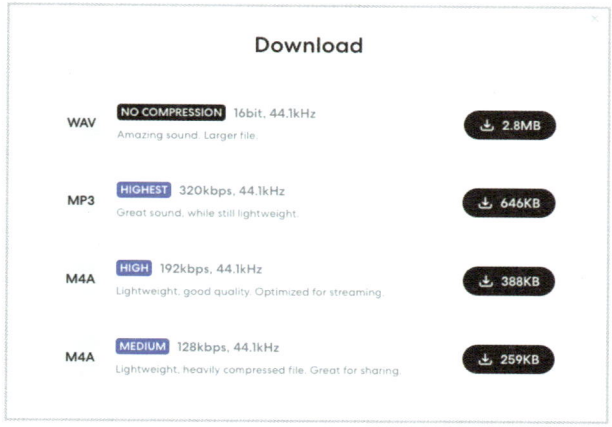

〈다운로드 선택화면〉

Tracks를 선택하면 각각의 트랙에 있는 소리를 개별적으로 음악 파일로 저장할 수 있다. M4A와 WAV를 먼저 선택한 후 필요한 트랙을 다운 받으면 된다.

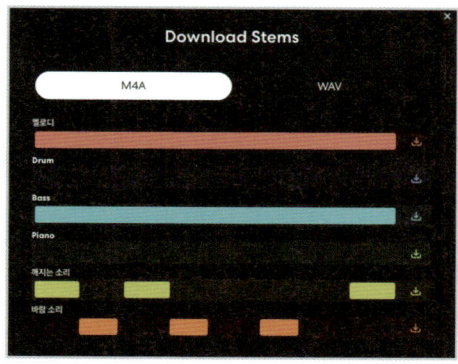

〈Download Stems 선택화면〉

* 스템(Stems)이란?
  음악을 구성하는 악기 각각의 트랙들을 뜻한다. 일반적으로 미디를 이용한 작·편곡 작업이 끝나고 나면 각각의 미디 트랙들을 전부 오디오 파일로 변환한 스템 파일을 이용하여 믹싱 작업을 한다. 오디오 파일에 사용할 수 있는 여러 이펙터들과 함께 믹싱 작업을 하기 위함이다.

# 23 마이크의 종류와 오디오 인터페이스 (Audio Interface)

컴퓨터 음악을 하다보면 녹음을 해야 하는 상황이 생길 수 있다. 그런데 컴퓨터에 내장된 마이크를 이용해서 소리를 녹음하는 것은 실제로 거의 불가능하다. 컴퓨터 팬이 돌아가는 소리부터 다양한 노이즈들이 포함되어 녹음될 가능성이 크기 때문이다. 그래서 보컬과 같은 소리들을 녹음할 계획이라면 마이크를 구입하여 사용하는 것이 좋다.

## 1. 다이내믹 마이크(Dynamic microphone)

가장 흔하게 볼 수 있는 마이크의 형태이다. 비교적 구조가 단순하고 튼튼하기 때문에 사용하기 편리하다. 충격에도 강하고 온도와 습도에서 강한 내구성을 가지고 있어서 보관도 어렵지 않다. 또한 다이내믹 레인지(Dynamic Range, 작은 소리와 큰 소리의 차이)가 크기 때문에 큰 소리가 들어와도 잘 견딘다는 장점까지 있어서 보컬이나 타악기(드럼 등)의 종류에도 많이 사용된다.

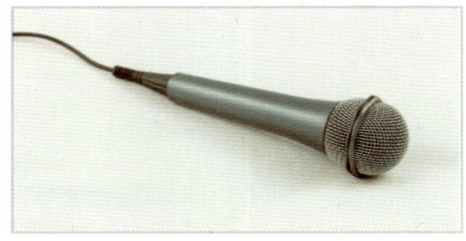

〈다이내믹 마이크〉

많은 장점을 가진 다이내믹 마이크지만 콘덴서 마이크에 비하여 비교적 섬세한 소리는 잡아내지 못하며 근접화 현상을 가지고 있다. 근접화 현상(Proximity Effect) 또는 근접효과하고 부르는 현상은 마이크와 입과 거리가 가까워질수록 저음이 많이 발생하는 현상이다. 반대로 입과 마이크의 거리가 멀어지면 소리의 크기만 줄어드는 것이 아니고 저음 부분도 적어진다. 그래서 마이크와 입의 거리를 일정하게 유지하는 것이 동일한 음색을 얻기 위해서는 중요하다. 단일지향성의 특성을 가지고 있기 때문에 약간이라도 소음이 발생할 수 있는 일반적인 장소에서는 원하는 방향의 소리만 수음할 수 있는 다이내믹 마이크가 훨씬 유용하게 사용된다.

## 2. 콘덴서 마이크(Condenser microphone)

콘덴서 마이크(Condenser microphone)는 다이내믹 마이크와는 다르게 스스로 전기를 만들어 내지 못하는 특징이 있다. 그래서 별도의 외부 전원을 필요로 하는데 이를 팬텀파워 또는 +48V 라고 하며 오디오 인터페이스에서 제공해주는 기능이다. 콘덴서 마이크의 특징은 좋은 주파수 응답과 비교적 섬세하다는 특징이 있다. 콘덴서 마이크는 이러한 특징 때문에 녹음 스튜디오와 같이 주변 소음을 차단할 수 있는 곳에서 많이 사용한다.

 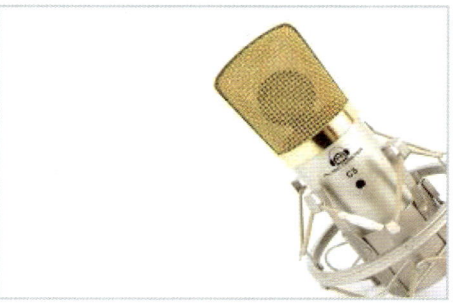

〈콘덴서 마이크〉

그래서 일반적으로 소음이 발생할 수 있는 곳이나 가정집에서는 사용이 불편할 가능성이 크다. 흔히 초보자들이 마이크를 구입할 때 성능이 좋다는 말에 큰마음 먹고 고가의 콘덴서 마이크를 구입하였다가 평상시 인지하지 못했던 시계소리, 냉장고 소리, 에어컨 소리, 컴퓨터 돌아가는 소리 등 때문에 잘 사용하지 못하게 되는 경우가 발생한다. 그리고 습기와 외부 충격에도 취약하여 관리가 필요하다. 외부 충격에 매우 취약하며 바람소리와 같은 작은 소리에도 민감하여 팝 필터도 필요하다. 따라서 일반적인 상황에서는 다이내믹 마이크가 사용하기 편리하다.

## 3. 오디오 인터페이스(Audio Interface)

소리를 다루는 작업을 할 때 사용하는 대표적인 기기는 오디오 인터페이스이다. 컴퓨터와 연결하여 사운드의 입·출력을 담당해준다. 좋은 퀄리티의 사운드를 제공해주기도 하지만 마이크나 일렉 기타와 같은 악기들의 연결을 가능하게 해주며 콘덴서 마이크를 작동하기 위해 필요한 팬텀파워를 지원하는 기능이 있다. 녹음을 많이 해야 하는 상황이거나 컴퓨터 음악을 전문적으로 하고 싶다면 필수적으로 필요하다.

〈오디오 인터페이스〉

# 24 모바일용 밴드랩

밴드랩은 모바일 어플리케이션으로도 사용이 가능하며 어플리케이션 역시도 온라인 방식이기 때문에 컴퓨터를 이용한 웹 페이지 방식과 연동이 가능하다. 우리는 컴퓨터의 웹 페이지 방식을 이용하여 밴드랩의 개념과 사용방법에 대하여 이미 충분히 배웠기 때문에 모바일 앱은 크게 어렵지 않을 것이다. 간단하게 밴드랩 모바일 앱을 살펴보자.

## 1. 밴드랩 어플리케이션의 구조

-  Feed : 다른 밴드랩 사용자의 음악이나 소식을 확인하는 기능이다.

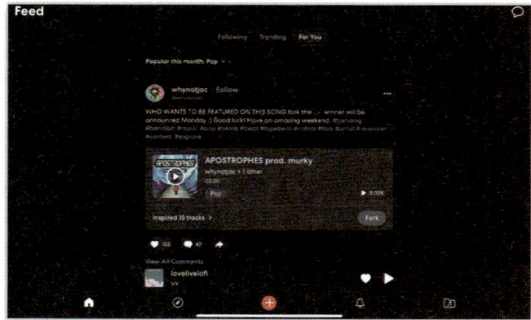

〈밴드랩 모바일 Feed 화면〉

- ◎ Explore : 다른 밴드랩 사용자가 만든 음악을 감상할 수 있는 기능이다.

〈밴드랩 모바일 Explore 화면〉

- ⊕ Create : 밴드랩을 이용하여 음악을 만들 때 사용하는 기능이다.

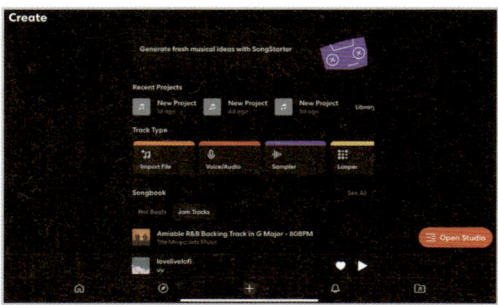
〈밴드랩 모바일 Create 화면〉

- 🔔 Notifications : 새로운 '팔로워'나 '좋아요'와 같은 알림을 사용하는 기능이다.

〈밴드랩 모바일 Notifications 화면〉

- ▣ Library : 본인이 작업한 프로젝트, 앨범, 플레이리스트, 밴드, 커뮤니티를 저장한 것을 살펴볼 수 있는 기능이다.

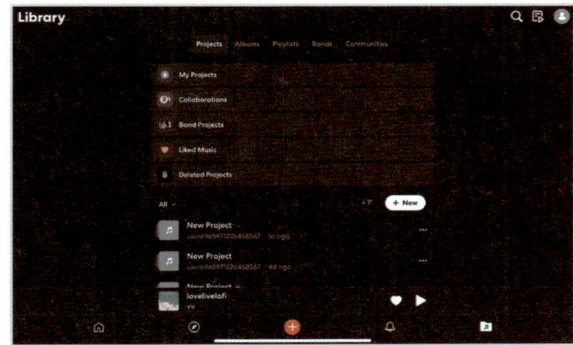

〈밴드랩 모바일 Library 화면〉

대부분의 기능들은 웹 페이지 방식의 모바일 사용법과 다르지 않다. 단지 크리에이트(Create) 메뉴에서 모바일용 밴드랩에만 있는 루퍼(Looper)라는 기능이 있다. 루퍼를 사용하면 간단한 방법으로 음악을 만들 수 있다.

## 2. 루퍼(Looper) 사용방법

크리에이트(Create) 메뉴 화면에서 트랙 타입(Track Type) - 루퍼(Looper) 클릭

〈밴드랩 모바일 크리에이트 메뉴의 트랙 타입 화면〉

트랙 타입에서 루퍼를 선택하면 루퍼 팩(Looper Packs) 앨범들이 나열된 화면을 볼 수 있다. 제일 상단의 음악 장르를 선택하면 그 장르에 포함된 루퍼 팩 앨범들이 나열되며 재생하면 그 앨범들을 들을 수 있다. 마음에 드는 앨범의 +를 누르면 그 앨범에 있는 사운드들로 구성된 루퍼를 사용할 수 있다.

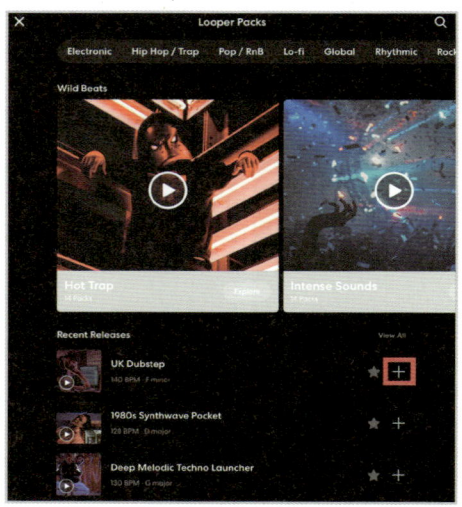

〈루퍼 팩의 앨범 재생 및 선택 화면〉

루퍼 팩의 앨범을 선택하면 루퍼 화면을 볼 수 있다. 루퍼는 루퍼 팩 앨범에 포함된 사운드들로 구성된다.

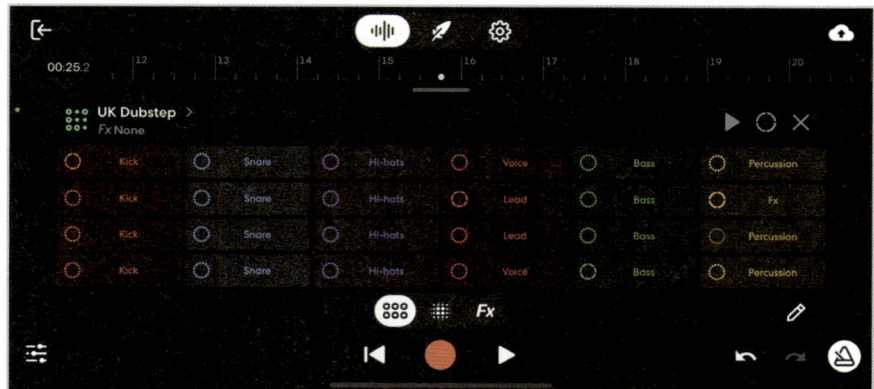

〈루퍼 화면〉

루퍼를 이용해 연주하는 방법은 각각의 악기들을 터치하면 된다. 여러 개의 악기를 동시에 터치할 수 있으며 재생 버튼을 이용하여 다시 들어볼 수가 있다.

루퍼의 기능을 더 자세하게 알아보자.

## 3. 루퍼의 기능

- : 루퍼에서 나가기 기능이다.
- : 루퍼의 기본적 화면이며 연주를 하기 위한 기능이다.
- : 가사/필기(lyrics/notes)를 위한 기능이다.
- : 설정 창을 열 수 있다. 설정에는 프로젝트 설정(Project Settings)과 스튜디오 설정 (Studio Settings) 메뉴가 있으며 도구함(Tools)과 도움말(Help) 항목이 있다. 도구함에는 악기의 음정을 조율할 수 있는 튜너(Tuner)가 있다.
- : 업로드(Upload) 기능이다.
- 00:00.0 : 재생하고 있는 부분의 시간을 표시한다.

루퍼를 이용하여 만든 사운드의 삽입 위치를 정할 수 있다. 마디 부분을 터치하여 좌우로 드래그하면 원하는 마디에 삽입할 수 있다.

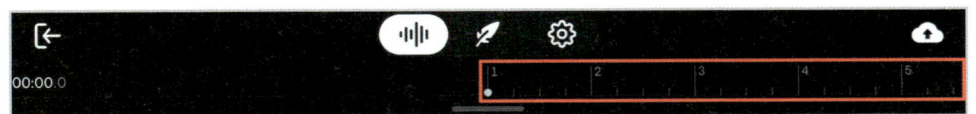

〈루퍼를 이용한 사운드의 삽입 위치〉

- : 루퍼 팩 앨범의 제목이다. 앨범을 바꾸고 싶다면 화살표를 터치하면 된다.
- ▶ : 메모리 재생 버튼이다. 루퍼를 이용하여 연주를 하면 일시적으로 메모리에 저장된다. 재생 버튼을 누르면 메모리에 저장된 사운드가 재생된다. 메모리에 저장된 사운

드가 없으면 재생 버튼이 표시되지 않는다.

- ⭕ : 연주되는 루퍼의 박자를 표시한다. 기본적으로 루퍼는 4/4박자를 사용하는데 4개의 구획으로 나누어진 원을 통해 박자를 표시하는 기능이다.
- ❌ : 메모리에 저장 된 사운드 삭제 기능이다.
- 🎛 : 루퍼 악기 창을 보여준다.
- ▦ : 필터(Filter)와 게이터(Gater) 창을 보여준다.
- Fx : 여러 효과를 위한 이펙터(Effect)를 보여준다.
- ✏️ : 루프 재생의 세부적인 설정. 재생하는 방식과 재생되는 길이를 설정하는 것이 가능하다.
    - Loop : 재생을 멈추기 전까지 계속하여 재생이 된다.
    - One Shot : 사운드 소스의 길이만큼 한 번만 재생된다.
    - Gate : 터치하고 있는 동안만 재생된다.
    - Retrigger : 터치를 할 때마다 재생이 다시 시작된다.

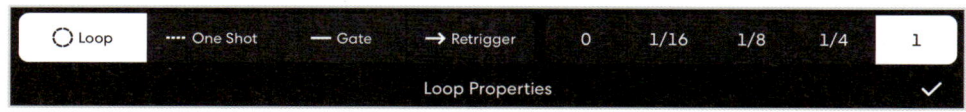

〈루프재생 방식 설정〉

- ▦ : 루퍼 트랙 기능 창을 보여주는 기능이다. 루퍼 트랙의 뮤트(Mute), 솔로(Solo), 트랙 볼륨,(Track Volume), 팬(Pan)을 조절할 수 있다.

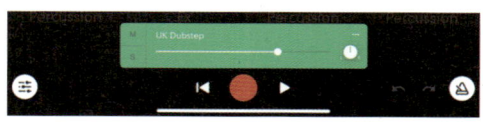

〈루퍼 트랙 기능 창〉

- ⏮ : 마디 처음으로 돌아가는 기능이다.
- 🔴 : 녹음 버튼이다.

▶ : 재생 버튼이다. 메모리 재생 버튼과는 다르며 밴드랩 전체 트랙을 재생하는 기능 이다.

↶ ↷ : UnDo와 ReDo 기능이다. 작업 중 이전 단계로 돌아가고 싶다면 언두, 다시 원 상태로 돌아가고 싶다면 리두를 사용하면 된다.

🔔 : 메트로놈 On · Off를 할 수 있다.

이제 루퍼를 이용하여 사운드를 직접 만들어보자.

## 4. 루퍼를 이용한 사운드 제작 방법

① 루퍼의 악기들을 연주한다.
② 메모리 재생 버튼으로 확인한다.
③ 마음에 들지 않으면 메모리 삭제 버튼을 누른다.
④ 연주가 마음에 들었다면 녹음 버튼을 누른 후 메모리 재생 버튼 누른다.
⑤ 녹음 버튼을 다시 한 번 눌러 녹음을 끝마친다.
⑥ 메모리 재생 버튼을 눌러 재생을 끝마친다.
⑦ 업로드 버튼을 누른 후 저장(Save)한다.
⑧ 스튜디오(Studio)를 클릭한다.

루퍼 사운드를 재생하면서 더 화려하고 재미있는 사운드를 만들고 싶으면 ⊞를 터치하여 필터(Filter)와 게이터(Gater) 창을 열어보자.

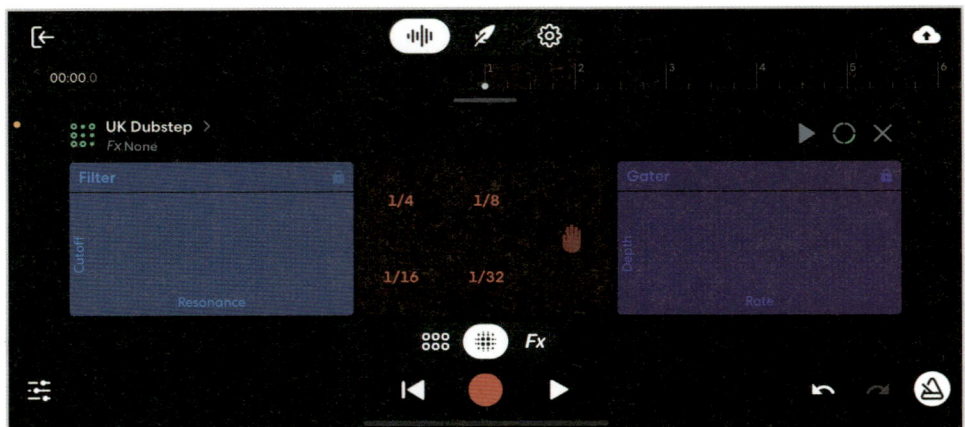

〈필터와 게이트 창〉

루퍼 사운드가 재생되고 있을 때 필터(Filter)와 게이터(Gater) 부분을 손가락으로 터치하여 마음대로 드래그 하면 된다.

# 25 스케일과 음정

C 키의 스케일을 이용한 선율과 코드 사용법이 능숙해졌다면 이제 다른 키에서 나오는 스케일과 코드에 대하여 알아보자. 각 조표마다 나오는 고유의 느낌도 다르기 때문에 다양한 조를 사용하면 음악적 느낌이 더 확장되며 시작음이 다르기에 기본적으로 사용되는 음역대로 다르고 최고조에서 사용하는 음역대도 다르게 사용할 수 있다.

모든 메이저 스케일(Major Scale)은 똑같은 구조를 가진다. 시작음과 조표는 다르지만 3-4번째 음과 7-8번째 음은 반음 관계를 가지기에 똑같은 다이아토닉 코드가 생성된다.

# 1. 스케일(Scale)

## 1) 샵(#) 조표에서 나오는 스케일

〈샵 조표에서 나오는 스케일〉

## 2) 플랫(b) 조표에서 나오는 스케일

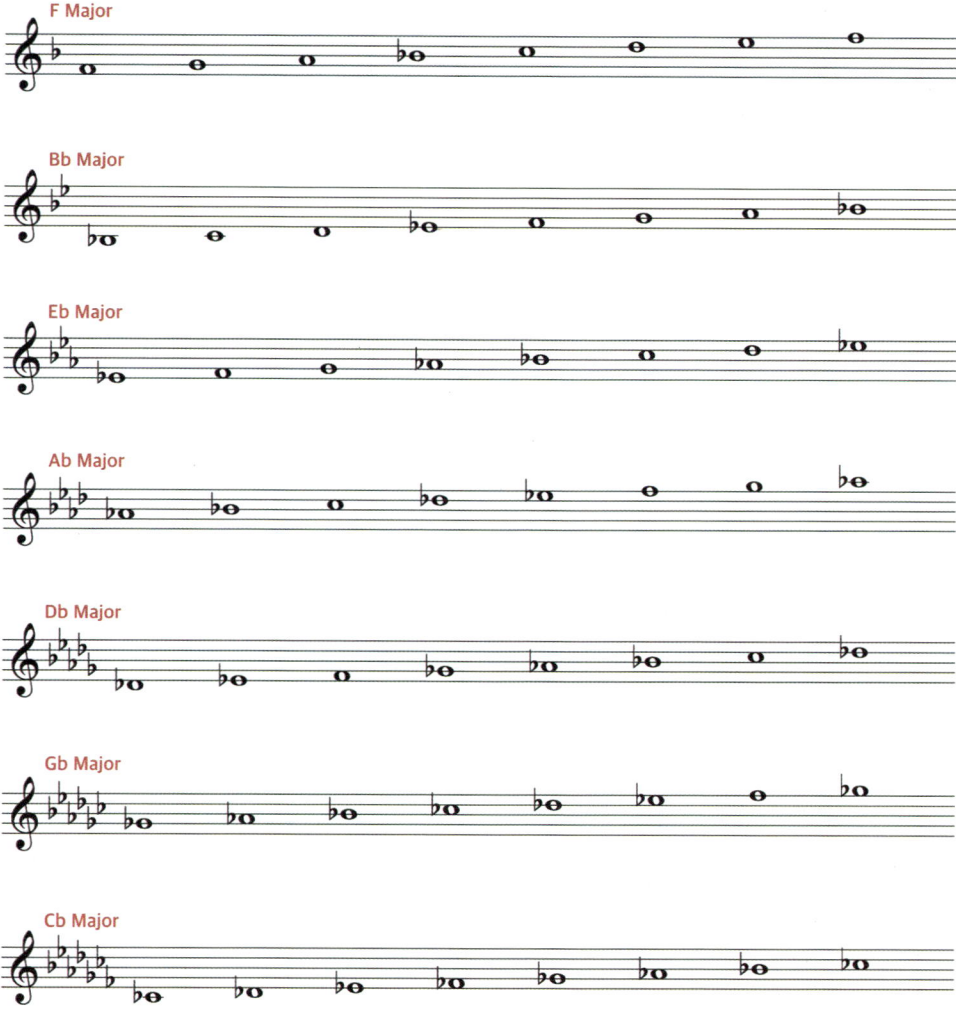

〈플랫 조표에서 나오는 스케일〉

## 2. 음정

음정 관계를 이해하면 어떠한 조에 있는 코드도 찾아낼 수 있다. 반드시 모든 코드를 외우고 있을 필요가 없어진다.

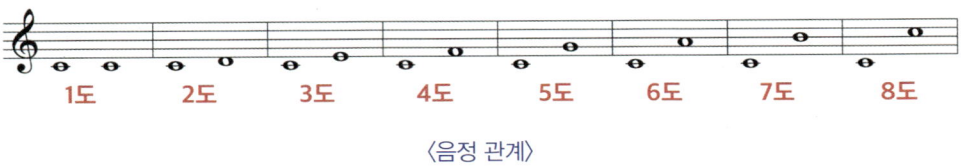

〈음정 관계〉

음정의 종류에는 완전음정(Perfect Interval), 장음정(Major Interval), 단음정(minor Interval), 증음정(Augmented Interval), 감음정(Diminish Interval)이 있다.

〈음정의 종류〉

한 옥타브 내의 반음은 '미-파'와 '시-도'이며 검은 건반을 사이에 둔 흰 건반은 온음이다. 흰 건반과 검은 건반은 반음이며 단2도가 된다. 반음 2개가 있으면 온음이 되며 장2도가 된다.

| 음정 | | 반음 수 |
|---|---|---|
| 2도 | 단2도 | 1 |
| | 장2도 | 0 |
| 3도 | 단3도 | 1 |
| | 장3도 | 0 |
| 6도 | 단6도 | 2 |
| | 장6도 | 1 |
| 7도 | 단7도 | 2 |
| | 장7도 | 1 |

| 음정 | | 반음 수 |
|---|---|---|
| 1도 | 완전1도 | 같은 음 |
| 8도 | 완전8도 | 옥타브 |
| 4도 | 완전4도 | 1 |
| | 증4도 | 0 |
| 5도 | 완전5도 | 1 |
| | 감5도 | 2 |

〈음정 내 반음 수〉

음정 내 반음 수에 따라서 음정의 성질이 변화한다. 예제 문제를 살펴보자.

〈음정 계산〉

① 2도 간격이고 반음이 없어서 장2도
② 3도 간격이고 반음이 없어서 장3도
③ 4도 간격이고 반음이 1개라서 완전4도
④ 5도 간격이고 반음이 1개라서 완전5도
⑤ 6도 간격이고 반음이 1개라서 장6도
⑥ 7도 간격이고 반음이 1개라서 장7도
⑦ 3도 간격이고 반음이 1개라서 단3도
⑧ 4도 간격이고 반음이 없어서 증4도
⑨ 7도 간격이고 반음이 2개라서 단7도
⑩ 7도 간격이고 반음이 2개라서 단7도

음정은 임시표 때문에 음정사이의 변화가 일어날 수도 있다.

완전음정에서 음정의 사이가 더 넓어지면 증음정이 되고 음정의 사이가 좁아지면 감음정이 된다.

장음정에서 더 넓어지면 증음정이 되고 단음정에서 좁아지면 감음정이 된다.

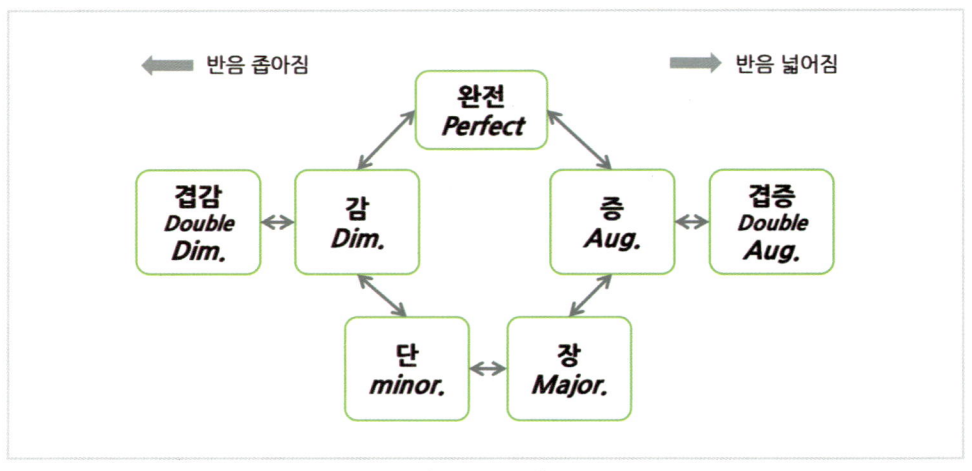

〈음정의 변화〉

음정 계산을 잘하면 코드도 쉽게 알아낼 수 있다. 코드 구성음 간의 음정도 알아보자.

## 3. 코드 구성음 간의 음정 차이

- Major
    - 근음과 3음 = 장3도
    - 3음과 5음 = 단3도
    - 근음과 5음 = 완전5도

- minor
    - 근음과 3음 = 단3도
    - 3음과 5음 = 장3도
    - 근음과 5음 = 완전5도

〈Major코드와 minor코드〉

위의 악보에서 볼 수 있듯이 메이저와 마이너는 3음의 차이밖에 없다.

그 외 쉽게 사용할 수 있는 코드도 살펴보자.

- Major 6th
    - Major + 장6도
    - 근음과 6음 = 장6도
    - 5음과 6음 = 장2도

〈Major 6th 코드〉

- Major 7th
    - Major + 장7도
    - 5음과 7음 = 장3도

〈Major 7th 코드〉

Major 6th와 Major 7th 코드는 Major 코드가 사용되는 자리에 언제든지 사용할 수 있다. 코드의 느낌이 각기 다르기에 잘 선택하여 사용하면 된다.

## 4. 다이아토닉 7th 코드

3화음 코드에서 7음을 더 쌓아올린 코드를 7th 코드라고 하며 다이아토닉 7th 코드는 다음과 같다.

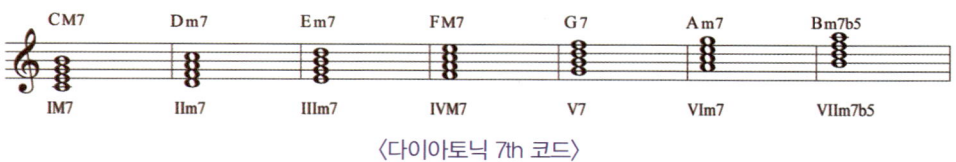

〈다이아토닉 7th 코드〉

Major 7th 코드는 3화음 코드와 느낌의 차이가 제법 있다. 하지만 그 외 코드들은 7th 형태로 더욱 많이 사용되기에 적극 사용을 추천한다.

# 마치며

우리는 매일 어디에선가 흘러나오는 음악을 접하며 산다. 내가 선택하여 음악을 듣기도 하지만 미디어를 통한 콘텐츠를 소비하면서도 음악을 듣게 되어있다. 드라마와 영화는 물론 유튜브와 같은 인터넷방송을 통해서도 음악을 들으며 산다.

대학에서 음악을 전공한 후 수많은 학생이 음악가로 성장하는 모습을 20년 넘게 지켜보았다. 처음에는 호기심으로 인하여 음악을 시작하였다가 조금씩 수준이 높아졌지만 결국 이론도 배워야 하며 테크닉을 쌓기 위한 반복적인 훈련을 해야 하는 상황 때문에 음악을 포기하는 학생들도 많았지만 반대의 경우도 많았다. 아무것도 모르는 일반인이 음악을 공부해 나가면서 결국 본인의 색으로 음악을 만들 수 있는 전문가가 되는 과정을 20년 넘게 함께 한 것이다. 다양한 학생들을 지도하며 음악적 재능이 많은 친구도 만나보았고 음악적 열정은 많지만, 재능이 조금 부족한 친구들도 만나보았다. 물론 재능이 많거나 악기 연주가 능숙하다면 작곡을 하고 음악을 만드는 과정이 조금 더 쉬운 것은 사실이었다. 하지만 그것이 끝은 아니었다. 재능 덕분에 처음부터 좋은 곡을 쉽게 만들었지만, 오히려 자기답습의 한계를 벗어나지 못하고 제자리에 맴도는 학생들도 많았으며 재능은 부족했지만, 끈기와 열정으로 훌륭한 음악을 만드는 친구들도 있었다. 두 학생의 차이점은 스승으로 무엇을 선택하였는가에 따라서 결정 되었다. 시중에 나와 있는 수많은 음악과 조금만 인터넷을 검색해 봐도 쉽게 구할 수 있는 대중음악의 악보들이 이미 훌륭한 스승이고 선배이었던 것이다.

지금도 매일 학생들에게 같은 말을 반복한다. 좋은 시설, 브랜드 평가가 좋은 학교, 훌륭한 스승 같은 조건만 찾지 말고 주변에 있는 모든 것을 이용하라는 말을 한다. 너무 쉽게 매일 들을 수 있는 대중음악들이 이미 훌륭한 스승이라고 말한다. 우리가 들을 수 있다는 것은 이미 좋은 음악이라고 평가를 받았기 때문에 시중에 유통되고 있다. 그러니까 단순하게 음악을 감상만 하지 말고 좋은 부분을 따라 하면 된다. 물론 음악적 기초가 없다면 따라 하고 싶어도 따라서 할 수 없지만 조금의 기초만 쌓인다면 충분히 따라 하면서 포인트를 잡아서 배울 수 있다.

이 책을 읽고 내용을 따라 한다고 해서 무조건 훌륭한 음악가가 되는 것은 아니다. 하지만 음악에 대한 이해와 기초적인 과정은 충분히 익힐 수 있다. 아마추어 음악가는 될 수 있다. 그렇다면 다음부터는 응용이다. 기초가 있다면 그 동안 이해가 되지 않았던 다른 이론 책을 보거나 음악 관련 전문 서적을 읽어도 이제는 이해할 수 있을 것이다. 처음부터 순서대로 읽어보고 따라 하는 것 그게 전부이다. 이 책에는 일부러 꼭 필요하다고 생각하는 이론과 악보를 제외하고는 되도록 악보와 이론을 첨가하지 않았다. 재미를 느끼기도 전에 어려움으로 포기하는 경우가 생기지 않기를 바라기 때문이었다. 하지만 음악도 결국 기술이다. 모든 기술은 반복 훈련이 중요하다. 어려운 부분이 나오면 포기하지 말고 다시 반복해라. 그러면 된다.

무료 컴퓨터음악 프로그램 밴드랩(Bandlab)
# 밴드랩을 이용한 누구나 작곡하기

초판 1쇄 발행  2023년 2월 27일
지은이 ㅣ 이정원
펴낸이 ㅣ 정광성
펴낸곳 ㅣ 알파미디어
등록번호 ㅣ 제2018-000063호
주소 ㅣ (05387) 서울시 강동구 천호옛12길 18, 401호(한빛빌딩, 성내동)
전화 ㅣ 02 487 2041
팩스 ㅣ 02 488 2040
이메일 ㅣ alpha_media@naver.com

ISBN  979-11-91122-42-8 (13670)
값  18,000원

© 2023, 알파미디어

* 이 책은 저작권법에 따라 보호를 받는 저작물이므로 무단전재와 복제를 금합니다.
* 이 책 내용의 전부 또는 일부를 사용하려면 반드시 저작권자의 서면 동의를 받아야 합니다.
* 잘못된 책이나 파손된 책은 구입하신 서점에서 교환하여 드립니다.

* 이 저서는 2022학년도 국제사이버대학교 연구비에 의하여 연구된 것임